こんな介護がしたい

認知症の人との幸せ時間のつくり方

多摩平の森の病院 編

吉岡充 監修 医療法人社団充会 多摩平の森の病院理事長

法研

<h1 style="text-align: center">目次</h1>

第5章　認知症対応施設でのケアの特徴 ···105

はじめに－なぜ、この本が作られたのか

　本書は、認知症ケアの経験がそれなりにある人向けに書かれています。また、単なるマニュアルではなく、どこか認知症ケアの読み物のようなスタイルをとっています。なぜこのような体裁になったのか、その背景を理解いただくと、本書をより有効に活用してもらえると思います。

　執筆したのは、長年にわたり上川病院（現・多摩平の森の病院）で認知症ケアに従事してきたスタッフたちです。上川病院が「身体拘束廃止」に取り組み始めたのは、昭和61（1986）年です。はじめは確たる理論や目標などはありませんでした。振り返ってみると、当時の荒んだ老人医療や精神医療への反発が生まれ、その勢いで走り出したようなものでした。私たちは、とにかく身体拘束をやめると決めました。そして身体拘束の道具となる拘束帯はもちろん、その可能性のある包帯まで捨ててしまうという、いささか乱暴な出発をしたのです。それから、私たちは文字通り手探りで、とにかく身体拘束をしないことをテーマにいろいろな工夫、取り組みを行ってきました。

　まず、身体拘束の廃止により、認知症ケアにおける目に見える成果を出すことを常に心がけました。たとえば、他施設で縛られていたかなり難しい症状のある患者さんを落ち着かせ身体拘束を外すことや、身体拘束による死亡者数の減少を目指しました。

　当時、老人病院のスタッフ数は限られ、技量や人権意識もまちまちでした。認知症があれば縛られるのが当たり前、ケアの方法論など一切ない、そういう時代でした。そのような環境の中でも、スタッフたちに身体拘束をしないケアを求めました。利用者は質の高いケ

アを提供してもらわなければなりません。そのためには、まずトップダウンの組織を作り、スローガンを掲げ、ケアのポイントを定型化して具体的に示すことが必要でした。スタッフはそのケアを日々実践する。今度はその実践をばねに病院として全国に向けて身体拘束廃止の普及運動を展開する。意図したわけでもないのですが、気がつくといつの間にかそういう構図ができ上がっていました。

　平成9（1997）年より、私たちの運動に関心を持った福岡の老人病院のグループと勉強会を始めました。私たちのノウハウを伝授したその結果、非常に短期間で、参加した病院の身体拘束を解消することができました。それまで漫然と行われていた拘束でしたが、身体拘束をやめようと決意しただけで、3カ月間に行われていた拘束件数を85％減少させることができました。残る15％には少しの工夫や努力が必要でした。

　福岡の病院グループのリーダーだった有吉通泰院長は、当時身体拘束廃止について「やればできる。できないのはやらないだけだ」とはっきりと言い切りました。参加した病院の従事者たちによって、翌年「抑制廃止福岡宣言」（右ページ上の表）が発表されました。

　それが当時の厚生省の官僚の目に留まり、平成12年の介護保険法の施行にあたり「身体拘束廃止の原則」（右ページ下の表）として結実したのです。この身体拘束廃止の原則は全国に大きな影響を与え、今では、介護保険の関係施設では身体拘束をしない介護が常識になりつつあります。

　また、近年では一般病院、急性期病院でも抑制ゼロに取り組む病院が出てきています。私たちの身体拘束廃止の運動は一定の成果を上げたといってよいでしょう。

　しかしこの過程で、自分たちの病院内のケアは伸び悩みが生じて

抑制廃止福岡宣言

老人に、自由と誇りと安らぎを

①縛る、抑制をやめることを決意し、実行する

②抑制とは何かを考える

③継続するために、院内を公開する

④抑制を限りなくゼロに近づける

⑤抑制廃止運動を、全国に広げていく

1998.10.30

上川病院

身体拘束廃止の原則

身体拘束が認められる「緊急やむを得ない場合」に該当する3要件
（すべて満たすことが必要）

○ 切迫性：利用者本人または他の利用者の生命または身体が
危険にさらされる可能性が著しく高い場合

○ 非代替性：身体拘束以外に代替する介護方法がないこと

○ 一時性：身体拘束は一時的なものであること

＊留意事項

・「緊急やむを得ない場合」の判断は、担当職員個人またはチームで行うので
はなく、施設全体で行うことが必要である。

・また、身体拘束の内容、目的、時間、期間などを高齢者本人や家族に対し
て十分に説明し、理解を求めることが必要である。

・なお、介護保険サービス提供者には、身体拘束に関する記録の作成が義務
づけられている。

厚生労働省「身体拘束に対する考え方」より（https://www.mhlw.go.jp/shingi/2006/08/
dl/s0801-3k10.pdf）

いました。ケアが柔らかさを失いかけたといってもよいと思います。具体的に5つの基本的ケアをもとに、問題点を示します。私はケアのポイントとして現場に「起きる」「食べる」「排泄」「清潔」「アクティビティ」、この5つを提示していました。これらがきちんと実行できていれば、利用者の心身の状態は良好になるので、周辺症状は減少し、身体拘束に至る状況もなくなる。そういう良い循環を作りだすことが大切だと説明していました。しかし、「食べる」を徹底しようとこだわるあまり、患者に苦痛を与えても食べてもらおうとする態度がスタッフに見られるようになっていました。

　私はよく講演で身体拘束廃止を説明するにあたり「患者さんの最期のときまで、縛って拘束しなければいけない治療とは何があるのか?」と問いかけていました。しかし、いつの間にか足元で「お年寄りの最期のときに、苦痛を与えてまでしなければいけないケアとは何があるのか?」と問われていたということになります。

　現場では、一部のスタッフたちは、「これで良いのだろうか?」という疑問を感じていました。とくにリーダーたちです。しかし、それをなかなか口にはできません。今までの方法での成功体験があるからです。それから、もしそれが良くないとするなら、ではどう改善したらよいのか、代わりにどういうケアを行えばよいのかわからずに悩んでいました。

　私は、こういう現象は、身体拘束廃止や認知症ケアにまじめに取り組む人たちによく見られることなのではないかと考えています。認知症の人たちへのケアは手がかかるとともに、とても複雑なところがあります。トップダウン、強いリーダーシップを発揮しなければ組織をまとめることはできないし、ある程度ケアを定型化して、具体的な方法を示さないと現場に迷いが生じると思います。

　しかし、こうすべきだという型や枠が強まりすぎると、時にケアそのものが目的になってしまい、目の前に生活する認知症の人の個性や感情に対する配慮を見失ってしまいます。スタッフから見ると、指示されたケアに疑問を感じるときもあるが、けれども、自分でケアを考え抜く自信もない。なんとなく悩みを抱えたまま、いまひとつモチベーションが上がらない状況です。私は、これはあるレベルまで来たスタッフがケアの意味を自分自身で考え、自立するタイミングに来ているのだと解釈しています。

　本書は、実際にそういう状況に至り、その自立に悩んだリーダーやスタッフたちが寄り集まって、自分たちの現場のケアを振り返りながら綴ったものです。幸いにも、彼らは従来の上川病院のケアを基本としながら、それを反省し、工夫し、一歩前進させる力を育てていました。

　本書には彼らが磨いてきたアセスメントや支援の工夫が記されています。また、ターミナル・ケアにおける介護についても詳細に描かれています。彼らの思いや悩みは、煎じ詰めれば、自分たちは認知症の「人」へケアをしたい、ということだったと思います。ともすれば、現場で見失いがちになる「やさしさ」をケアを通じて表現する、ケアを通して認知症の人との「コミュニケーション」を図る、それが自分たちの専門性であり自立だ、各章でそう主張しているように思います。この悩みは、まじめにケアをしている人であれば、誰もがいつかは通る道なのだと思います。

　私たちがたどり着いたケアの方法を院内だけにとどめておくのはとてももったいない気がして、このたび出版に踏み切ることにしました。一般のマニュアルのように体系だってはおらず、まだ完成していないところもありますが、その分マニュアルなどでは表現しき

れない、ケアの本質に触れる内容があると思います。認知症の人へのケアをもう一度振り返ってみたいというみなさんに、同じ立場で悩んできたスタッフたちが書いた本書がきっと役に立つと思います。

身体拘束はなぜ悪いのか

　人が人を縛るのはよくないこと、身体拘束は人の自由や尊厳を奪い、大きな苦痛を与えてしまう。これは誰でも常識としてよくわかることだと思います。身体拘束とは劇薬のようなもので、下記の図のように負のスパイラルが生じがちです。その究極のものとして抑制死があります。これも従来からよく知られていることです。ケアを志す以上、基本として、拘束のリスクを熟知しておいてほしいと思います。

　ケアをする人にとって一番注意すべきなのは、身体拘束は麻薬のような常習化しやすい面があるということです。暴力や夜間の徘徊

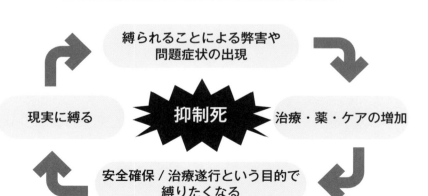

などの問題があれば身体拘束を行い、表面的には事故が起こらないですむので、消極的であっても、問題解決の方法として身体拘束に頼ってしまいます。そして2度、3度と重ねるうちに、やがて身体拘束という最終手段に慣れていきます。しかし拘束を受ける人の心身も、拘束を行うスタッフも、実は傷ついています。身体拘束の持つそのような副作用と習慣性が見逃せません。

　昔、ある病院の看護師が、上川病院に面接に来たことがありました。そのとき、彼女は「自分は老人看護は嫌だ。なぜなら自分の病院に入院している老人はくさいし、病棟全体も臭う。それに問題行動が多くて手がかかるからだ」と言いました。ご本人は老人や老人病棟はくさい、それが事実だ、そう思って発言したのだと思います。しかし、本当のところは、排泄のケアや入浴、衣類の交換、清掃、それらをきちんとしないために、その病院のお年寄りはにおい、病棟にもそのにおいがこもっていたのです。問題行動が多いのも、ケアをちゃんとしていないからです。すればもっと落ち着きます。この看護師の言うことは、ケアの当事者としては問題があります。明らかに差別でした。

　ケアをちゃんとすれば老人はにおいません。この看護師の言うことは、当事者の怠慢を表しており、あからさまな差別でした。身体拘束をめぐってもこのような誤解や差別はよく起こります。きちんとケアすれば落ち着くはずの利用者でも、不十分なケアが不穏の生じる環境を作るのです。そして問題行動を起こした利用者を縛って抑制します。人間は自分に都合よく解釈するもので、抑制を行う側は、自分の常識が誤解であり差別だとは認識できなくなります。

　ケアする側にとって、厄介な行動をとる認知症の人は、強制的に押さえつけるしか方法がない、と考えて縛る。そうすると、身体抑

17

制を受けた認知症の人は、今度はその質の悪いケアのために、不穏が増し、あるいは体調を崩し、身体拘束がますます必要になってしまいます。こうなるとまるで泥沼にはまったようです。問題行動を一度でも起こして身体拘束を許せば、身体拘束から解放されることはありません。抵抗すればするほど、現場では「問題のある患者」になり、ますます拘束から解放されなくなってしまいます。

　ある病院で実際に起こった話です。大学病院から高齢の患者さんが転院してきました。大学病院からの申し送りには「この患者はときどきベッド柵をはずそうとする。その理由のほとんどは尿意である」、そうはっきりと記されていました。しかし、転院先の病院ではまず身体拘束ありきでした。実際に患者さんがベッド柵を外そうとしているのを見かけると、トイレ誘導を試みるでもなく、あっという間に「転落の危険」を理由に両上肢と体幹を抑制し、ベッド柵で囲み、そのベッド柵をさらに紐で固定するという厳重な身体拘束をしてしまいました。

　患者さんが拘束に抵抗すると、「拘束をすり抜けようとする」「殴る、蹴るの暴力をふるった」と記録されます。転院して約1週間で亡くなりましたが、その間、拘束は外されませんでした。患者さんはずっと狭いベッド上でしっかりと拘束されたまま横たわっていました。亡くなったときも、まだ遺体の下に拘束具が置いてあったそうです。

　実は救われないのは、患者さんだけではありません。ケアするスタッフも、自分では気づかないだけで、本当はこの罠に落ちています。身体拘束に頼れば当然スタッフのケアの技量は上がりません。わけても目に見えて落ちるのがリスクをはじめとすアセスメント力です。頭の中に結論として身体拘束があるわけですから、リスクを

きちんとアセスメントする必要性を感じません。一生懸命観察し、なんとか工夫をしようとする経験が持てません。ケアも前向きなものではなくなります。

　ふつうなら「認知症があっても少しでも生活の質を上げる。ただ生きるのではなく、よく生きる、そのための支援をする」それがケアの本来の目標です。けれども身体拘束された利用者は、それとは明らかに正反対の状態にあります。

　身体拘束をそのままにして、本当に利用者によりそった介護プランが立てられるでしょうか。どうしてもケアはおざなりのものになってしまいます。このようにして、何かあれば身体拘束に依存し、そこから抜け出そうとしないでいると、経験だけは長いけれども、きちんとしたアセスメントも、認知症ケアもできない、使い物にならないケアスタッフができ上がってしまう、ということになります。

吉岡 充

第 1 章

5つの基本的なケア

起きる

食べる

排泄

清潔

アクティビティ
（良い刺激）

5つの基本的なケアとは

　「5つの基本的なケア」とは、「起きる」「食べる」「排泄」「清潔」「アクティビティ」に対するケアを指します。人が生きていくうえで必要なこれらの行為は、老化の過程で、認知症を患い認知機能が低下したり、身体疾患により身体機能が低下したりすると自力で行うことが困難となってきます。私たちは本人の意思を尊重しながら、これらのケアを一人ひとりに合わせた方法で行うようにしています。

　もともとこの視点は、身体拘束をなくす活動を通して考えだされました。この考え方を掲げた20年ほど前には、老人病院などで多くの認知症の人たちが、無理解とケア不足から寝かせきり状態、脱水状態、不穏状態となっていました。そして治療と称して点滴や向精神薬の投与が行われ、点滴を実施するために、また不意の立ち上がりや不安定な歩行に対し安全性を保つために拘束が当たり前のように行われていました。認知症を患っても、日々の生活を気持ち良く送ることができれば、このような拘束を減らすことができるので

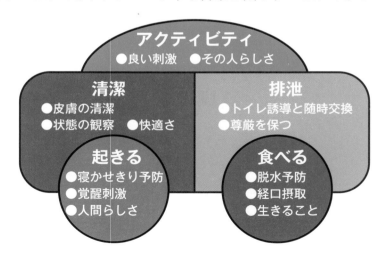

はないか？　このように考える中で生まれたのが「5つの基本的な
ケア」です。

　それから20年以上がたちました。はじめは「起きない」ことの
弊害、「食べない」ことの弊害などが強調され、今から考えると「起
きる」こと自体、「食べる」こと自体が目的になる傾向にありました。
しかし実践を積み重ねる中で、本来の考え方が病院、施設の職員全
体に浸透してきています。現在では「5つの基本的なケア」がこと
さらに強調されることはありませんが、日常ケアの中にしっかりと
考え方が定着してきています。そして、あらためて考え直してみる
ことによって、その有効な点、困難な点、不十分な点などがはっき
りしてきています。

　「5つの基本的なケア」を充実させることで人間らしい暮らしが
可能となり、そのことでその人らしさが発揮され、多くの方が良い
状態となったことは確かです。生活上、自力で行うことが困難と
なってきた様々なことに対し、過不足なくケアを行っていくことで
自然に日々の暮らしが整ってくると、本来備わっている力が発揮さ
れるようになるのです。

　しかし「基本的」といっても、全ての患者さんに同様のケアをす
ればよいわけではありません。あくまでも本人の意思に沿う形で
行っていきます。拒否をしているのに無理やりに行うということ
は、厳に慎まなければなりません。認知症の人たちに、これらのケ
アを過不足なく行っていくことは、実は大変難しいことなのです。

　日常のケアの中で様々な問題に直面し解決していこうとする中
で、「5つの基本的なケア」とは別の視点も重要だと考えられるよう
になってきています。認知症の人たちの生活を維持していくために
は、上手にコミュニケーションをとり不安を取り除くこと、動きを

予測して見守りをして安全を確保することなどが、とくに大切です。

　とはいえ「5つの基本的なケア」の重要性がなくなったわけではありません。日常のケアの現場で、患者さんの生活全般を具体的に整えていこうとするとき、この考え方はわかりやすく有効です。以下それぞれのケアについて詳しく見ていきましょう。

起きる

1. 目的

　私たちは、5つのケアの中で、「起きる」ことをとくに大切にしています。まず起きることで、周りからの刺激の量が増え目が開きやすくなり、音が聞こえやすくなります。また、関節の拘縮進行予防、廃用症候群の予防にもつながります。そして、何よりも「起きる」ことは、「食べる」「排泄」「清潔」「アクティビティ」ケアを充実していくうえでの前提となります。起きることを助けることが人間らしさを追求するケアのはじめの一歩となるのです。

　日中しっかりと起きていただき、生活リズムを整えると自然と夜眠ることができるようになります。認知症の人は、見当識の障害、とくに時間の見当識が初期から乱れるといわれていますので、生活リズムを乱さないために、今まで経験してきた暮らしとの間に大きなずれが出てこないように、様々な工夫をする必要があります。

2. 大切にしていること

　まず起きてもらうためには、その人の目覚めの時間に合わせて適切な介助を行うことが基本です。大切なことは、起きてみようかなと思わせる雰囲気作りや声かけの工夫、起きていられるためのその

人に合った良い姿勢や刺激、休息を考えます。とくに、「朝起きる」ことは、高齢者にとっては非常に大変で、起きてからしばらくは覚醒しにくく、足元がおぼつかないことが多く、転倒の危険性がとても高いので細心の注意を払います。しっかりと目覚めるためには足裏全体からの刺激が必要といわれていますので、座ったときにはしっかり足裏全体が床につくような工夫をします。

　起きてもらうために一番大事なことは、「その人の生活スタイルや意欲に合わせて起きてもらえるようにする」ということです。たとえ意思の疎通が困難で重介護の人でも、この考え方は変わりません。散歩のとき、とてもよい表情をされる人に対して、今日はとても気持ちの良い日だから散歩に誘ってみようとか、今日は入浴があっていつもより疲れているだろうから無理せず休息をとろうとか、もし本人だったらどうしてもらいたいかを考えて、起きてもらったり、休息をとったりします。「起きる」ことが目的になると、起きたことによりかえって床ずれができてしまうこともあります。

　また、このような考え方から、私たちは、患者さんが起きるときには「○○さんを起こしてきます」ではなく、「○○さんに起きてもらいます」と声をかけるよう心がけています。

3.　心地よい目覚めのために

　朝は、まず廊下の電気をつけ、次に部屋の電気をつけます。室内を明るくしたらカーテンを開け、自然光を上手に使い、患者さんに朝だと気づいてもらいます。また、「朝ですよ」「○○時ですよ」と軽く肩をたたいたり、意図的にカーテンを開けるときに音をさせたり、静かなBGMで耳からの心地良い刺激を入れ、目覚めを促したりします。必要に応じてベッドをアップしたり、ソファにゆったり

と座ってもらってから、最後に椅子に座ってもらうように、こまめに段階を踏むこともしています。

　ただ、心地良い目覚めは、一人ひとり違っていて、毎日誰かに声をかけてもらってから起きる人もいれば、声をかけられると逆に気分を害してしまう人もいます。それぞれ個性を知って個別に対応します。もちろんこの流れを隣り合わせた部屋から部屋へと順々に行うことに意味がないことは、理解できると思います。外が真っ暗なうちにカーテンを開けることや、目が覚めていないにもかかわらず急に車椅子に座わってもらっても、起こされたという不快な感情しか残らず、一日が不愉快なものになってしまいます。

　起きてきてテレビや騒がしい物音がしたら嫌だろうと配慮をしたり、声を今かけたら気持ち良く起きてもらえるのでは、それともすやすやと寝ているのだから、もう少しこのまま寝ていてもらおうとか、こちらが行動に移す前に、その人の心地良さを考えることを大切にします。少なくとも、こちらの都合で起きてもらうことはしてはいけません。

4.　その人に合った椅子を考える

　起きている間中、車椅子で生活をしている人がいます。しかし、私たちは基本的に車椅子から椅子に乗り換えてもらっています。なぜなら車椅子の機能・目的は「移動」だからです。最近は様々な機能が付き、ふつうの車椅子では座位を保てない人でも安楽に座っていられる車椅子が出てきており、状況は変わってきていますが、座位をある程度保てる人、車椅子の自操を常時行わない人には、本人に合った椅子を選び座っていただいています。

　車椅子にはフットレストがついています。これは移動のときに足

を引きずってしまうと危険だからです。つまり、移動しないときに足がフットレストの上にあるのはおかしなことです。さらに、その姿勢から立ち上がったときには、車椅子ごと倒れてしまう大事故にもなりかねませんので注意が必要です。また、車椅子に座り続けていたり、フットレストの上に足があっては、何よりもまず覚醒が促されず、良肢位が取れません。

　したがって、車椅子を利用されていてもできるだけ車椅子から椅子に座り、足を床に着けてもらいます。足が床に着かなければ、安定性のある足台を作ります。

〈車椅子不良肢位例〉

・アームレストが高く肩が挙上しやすい
・アームレストの長さが腕より短く掌屈しやすい
・フットレストに乗せると股関節が過屈曲しやすい
・シートがたわみ、大腿が内外旋にねじれやすい
・フットレストが小さく、足底接地面が狭い

〈椅座位良肢位例〉

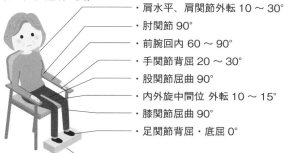

・肩水平、肩関節外転 10 ～ 30°
・肘関節 90°
・前腕回内 60 ～ 90°
・手関節背屈 20 ～ 30°
・股関節屈曲 90°
・内外旋中間位 外転 10 ～ 15°
・膝関節屈曲 90°
・足関節背屈・底屈 0°

足が地に着かないときは足台を用意します

27

5. 休息について

　人は無意識のうちに楽な姿勢をとったり、横になったりして体の調子を整えています。しかし、年をとると動くこと自体が億劫になり、痛みの感覚が鈍くなり、とくに、認知機能が低下している人は、的確に自分の思いを他人に伝えることが難しくなります。介護者すなわちケアする側が活動と休息をリードしていく必要が出てきます。傾いてきたり、ずり落ちそうになっていたりするのは、「今の状況が苦痛である」というサインなので、リラックスできるよう休息を取ることが必要です。

　臥床中は2時間ごとの体位変換が基本とされますが、人によっては1.5時間、1時間ごとに変える必要があり、体重、臀部の具合、皮膚の状態、栄養状態、自力で体動があってもその寝返りが除圧に効果的なのか否かなど、総合的に判断して体位変換の時間を考えます。

　高齢者にとって、日中、こまめに起きたり横になったりと姿勢を変えることはとても大切です。ただ、1時間以上リラックスした状態で臥床していると、人間の生体リズムに乱れが生じ始め、夜間に熟睡を得られないといった報告もあるので注意が必要です。

6. 起きるケアを継続すると

　はじめは30分で車椅子からずり落ちそうであったとしても、毎日起きたり横になったりの繰り返しが自然と本人の体力をつけます。そのうち1時間は座れるようになることがあります。

　また、認知症を患っている人は、コミュニケーション機能の低下から、それだけで社会的な刺激が少ない状況に置かれています。起きているだけで、耳や目から入ってくる刺激の量は増えます。受動的な刺激ではありますが、興味・関心を持って周囲を眺められる

ようになり、活動に参加することができるようになるかもしれません。また、周りの人たちにとっても、起きている時間が長くなれば、その人が一人の「〇〇さん」だという意識も高まります。「起きる」ことは、その人だけでなく周りの人たちにも大きな影響を与えるのです。

食べる

1. 目的

　一般的に口からしっかり「食べること」は、栄養を補給し、健康状態を維持、向上することにつながる大切な行為です。また、認知症が重度で、食べることが難しくなっている人にとって、食べることへの援助は「生きること」そのものに直結する場合もあります。

　また食べることは、生活の中の楽しみの一つであり、人間の基本的な欲求を満たすものです。そのため食べることを通して周りの人々との交流が円滑になったり、介助するスタッフとの間に信頼関係が構築されたりすることもあります。イライラや怒りっぽい状態も、食べることだけで解決してしまう場合もあります。

　生命を維持するのに極めて重要な食べることは、生活リズムを整えることにつながることにもなります。ケアする側は、食べる様子で、その日の体調や認知機能低下の進行の程度も把握できることがあります。

2. 大切にしていること

　私たちは、できるだけ最期まで起きて、口から食べていただくことを大切にしています。しかし、ただ口から食べてもらっているわ

けではありません。食事をしている人に、「食べさせられている」という感覚を持たれてしまうと、その時間は、ただただ苦痛な時間になってしまいます。そこで、とくに私たちは「食べたい」とか「おいしい」と思ってもらえるような雰囲気作りを大切にし、食べるための演出にも工夫を凝らします。

　人は誰でもお昼前に「おなかがすいた」と思うこともあれば、「食べたくない」「お昼ご飯の時間だけど、もう少し後で食べたい」と思うこともあります。そこで私たちは、「延食」という方法でその人に合わせた食事の提供をしています。延食とは、「時間がきたから食事を提供する」のではなく、朝食をとった時間やその人の身体の状態や覚醒の状態に配慮して、食べられるときが来たら食事を出すということです。

後で食べましょう

食べたくないときは、食事を後で
食べてもらう延食で提供します

　また、安全に食べてもらえる環境を整えて食事を提供することでもあります。認知症の人の中には、食べたことを忘れ、繰り返し食べ物を要求するような人もいらっしゃいますが、その人にとっての欲求を解消したうえで、さらに満足感を得る工夫を考えることは、ケアにおいては非常に重要になります。また認知症が進行し、食事を安全に食べること自体が難しくなっていることもあります。そのような場合、とくに本人のペースに合わせて、ゆっくりと丁寧に介助することが必要です。

　ほかにも温かいものは温かくして出すといった、おいしく食べら

れる温度を大切にしています。食事の量と回数は、その人の体格や身体状態・栄養状態を考慮したうえで決定しています。何よりも時間にこだわらず、1日3食はその日のうち（24時間以内で）に食べていただければよいと考えています。飲み物は種類を充実させ、好みに合わせて、いつでも飲めるような状態にしています。

　食事の量は、栄養のバランスやカロリーが計算されているものなので、全量を食べていただくことが理想です。しかし、高齢であることや食べたいと思う気持ち、その日の運動量を考えると全量摂取できないことも多くあります。私たちは、全てを召し上がってもらうことにこだわらず、一人ひとりに合わせて食事スタイル、食事の量、好みがあることを知ったうえで食事を勧めます。たとえば、バナナやゼリーなどその人が食べられるものを常に検討します。時と場合によっては、どんなに工夫しても、どんなにスタッフが頑張って介助しても食べていただけない、また食べられない状態のときもあります。その人が少しでも食べられるよう、スタッフは諦めず取り組む姿勢が大事ですが、時に「諦める」ということも必要です。私たちは無理強いせず、ご本人の意に沿う形で食べていただけるように努めています。

3. 心地よい環境を作る

　食事において大切なことは、環境を整えて、いかに五感への働きかけができるかです。五感への働きかけは、目で楽しむ、香りや味を楽しむことはもちろん、食事の場面にはふさわしくない音がしたり、寒すぎたり暑すぎたりすることがないように気を配ることです。認知機能が低下してくると、生活上の様々な情報や刺激に適切に対応することが困難になってきます。「騒々しい環境」「暑すぎる

環境」「寒すぎる環境」は、患者さんにとって今何が大事なことなのか、取捨選択を困難にさせます。食事の時間を楽しいものとするためにも、快適で落ち着いた環境にする必要があります。

　静かで落ち着いた場所を好む人には、騒がしくない場所で召し上がってもらいます。なかには相性が合わない人たちもいるので、座席のセッティングを考え、その人が好む空間・雰囲気作りをしていきます。ご飯やコーヒーなどの食欲を増す香りを漂わせることも大切です。また、排泄物などのにおいがしないよう換気と消臭対策を徹底することも重要となります。

　気分転換や散歩など食事の前に場面転換をすることで、食事への意欲が湧き、食べていただけることもあります。人によっては、食事前にベッド休憩をして疲れをとると、姿勢良く、食事に集中できることもあるので、その人に合った食事のスタイル、環境、個別の関わり方が大切になってきます。

4. 姿勢を整える、ポジショニング

　食事を良い姿勢で食べるためには、まず臥床時のポジショニングを整えることが大切となります。人は、寝ているときの姿勢が起きたときの姿勢に大きく影響を及ぼします。寝ているときと起きたときの緊張をほぐすことが、食事時の姿勢の良し悪しを決めます。臥床時のポジショニング、車椅子の種類やシーティング*（フィッティング）は、リハビリスタッフと共に検討します。

　また、食事中、姿勢が崩れたら適宜、姿勢調整して安楽な状態で食事をしていただくよう心掛けています。何度姿勢調整をしても傾きが見られる場合は、一度休憩を取ります。

＊タオルやクッションを使ってより良い座位姿勢の獲得を図ること。

5.　経管栄養について

　胃瘻を造設している人や経鼻栄養の人でも、栄養の全てではなくても、経管ではなく口から食事をとることを諦めていません。大好きなものを楽しむのであれば、むせることなく食べることができる人がいます。胃瘻と経口を上手に使い分け、栄養補給と同時に食べる楽しみを味わう工夫をします。栄養の維持なのか食べる楽しみなのか、一人ひとりの目的を明確にして関わります。嚥下状態やサイン、タイミングを見逃さず、現場のスタッフ、医師、看護師、言語聴覚士、栄養士と連携を図り、食べるケアに向き合います。そこでは、何よりも現場のスタッフの日々の様子観察と見極める判断力が重要になってきます。

　胃瘻、経鼻栄養の人に食事を提供するときにも、口から食べる人と同じように温かいおしぼりを渡し、顔や手を拭きます。経管栄養の有無によって、一人ひとりのケアが変わるわけではありません。しかし、同じ環境、同じ時間にいっしょに食事をしたくない人がいれば、本人の意思を確認したうえで、時間をずらす対応をします。

6.　ターミナル期の食事の考え方

　老化や認知症の進行に伴い、意欲の低下や口が開かないなど徐々に食事ができない状態になっていきます。食べられなくなったら、目的はご本人に苦痛を与えないことを第一に考え、ご家族とも話し合いを持ち、ご本人はもちろん、ご家族にも満足していただけるような看護ケアに努めていきます。たとえ食べられなくなっても、食事してもらうことは最後まで諦めません。お楽しみとして、アイスを舐めていただくなど、栄養ではなく満足感を目的に食べていただきます。また、残り少ない時間をどう過ごすかを真剣に考え、「食」

にこだわらずに別の楽しみに切り変えていくことの必要性も検討します。

7. 「食べる」介助の基本

① 食前

　食事介助を行う前に、食べる気持ちになっていただけるよう声をかけ、意識づけをします。認知症の人には、なおのこと食事だと理解していただかなくてはなりません。

　まず、おしぼりとお茶を出します。おしぼりは、テーブルにただ機械的に置くのではなく、相手に合わせて渡し方を考えます。おしぼりがテーブルに置いてあってもどのように使えばよいのかわからない人もいらっしゃるからです。お茶は、食べる前に口を潤してもらうためにお出しします。

② 配膳・下膳

　音を立てずに食事を提供します。ガチャガチャと騒がしく音を立てると、配膳までに作り上げた雰囲気が台無しになります。

③ エプロンや割烹着

　食事を食べるときに衣服を汚してしまうような場合、必要であればエプロンを着けていただきます。エプロンは食べる直前に着け、手はエプロンの上に出してもらいます。手を出すことで次の行動ができるよう配慮します。また馴染みの割烹着などを着用してもらい、家庭的な雰囲気を味わっていただくこともあります。

④ 食事介助

　目線を合わせ、食べている様子に注意して声をかけること、本人のペースに合わせること、苦痛を伴うような介助をしないことが鉄則です。介助すれば食べることができるからといって、全て介助で食べていただくことはしません。

　本人に意欲があり、自ら食べられるのであれば、手でつかんで食べても問題ないと考える場合もあります。ただし、おにぎりやサンドイッチなど食形態を工夫することはもちろん、空間を共有している他の患者さんやご家族の気持ちに配慮することも忘れてはいけません。口の周りの汚れはこまめに拭き取り、気持ち良く食べられるようにします。

　介助者の都合でご飯におかずを混ぜ込むことはしません。元気なときに、そのような食べ方をしていなかったと考えられるからです。特定な好みのものばかり食が進むということも起こりえますが、それも患者さんの嗜好、気分、体調などを表す情報と考えます。

⑤ 残存機能

　安全に食事を召し上がっていただくことを考慮し、その人の口の開き方や食べ方（かき込んで食べるなど）によって、スプーンの大きさや形状を使い分けます。麻痺、失行、失認など神経症状のある人には、自助食器を使用したり配膳時に食器の配置を工夫します。

8. 「食べる」いろいろな場面

① 食事に集中できない

- マンツーマンで関わりを持つ
- その人の好きだった物や行為を食事と関連づける

② 食器をたたいてしまう

- ランチョンマットを敷く
- シリコン製の器を使用する
- なじみの食器を活用する

③ 早食い・丸飲み

- スタッフがゆっくり食べるよう、傍でその都度声をかける
- 小さな器へ食事を小分けし提供する

④ 食べられない理由が見つからないときに試してみる

- 冷凍食品（チャーハン、焼きおにぎり）、カップラーメンなどの麺類、卵豆腐、ふりかけ、アイス、せんべい……など、本人の好きだったものを代用してみる
- 今までの生活習慣や本人の好むもの（味や喉ごし）、本人の食べたいものを家族と話し合い、医師と相談のうえ、召し上がってもらう

排泄

1. 目的

　排泄とは、人間の生活の中で欠かせない行為で、できて当たり前と考えられています。そのため失敗してしまった場合、認めたくない、隠したいと思うのは当然です。失敗したことにより自信をなくし、自分らしさやプライドを失うことにつながることもあります。いつでも失敗せず快適に過ごしてもらうことが一番ですが、認知機能が低下している人は、トイレの場所がわからない、便器が認識で

きない、「トイレに行きたい」という思いを上手に伝えられない、老化によりADL（日常生活動作能力）が低下している、などでトイレまで行くことができず、失敗してしまうことも多くなってきます。

　この失敗を防ぐ、もしくは失敗をしてもすぐに対応（随時交換：決められた時間だけではなく、その都度交換すること）し、不快な時間を短くすることが求められます。またオムツは使用したくないという気持ちや、人には迷惑をかけたくないといった羞恥心に配慮したケアが私たちに求められます。

2.　大切にしていること

　認知症を患う人は、認知機能の低下から、またADL低下からトイレでの排泄が難しくなってきます。しかし基本的にはトイレで排泄するのが望ましいと考え、様々な工夫をします。たとえば羞恥心からトイレへ行くことを強く拒否しているならば、少し時間を置いたり、声をかけるスタッフを替えたりして、さりげなく誘ってみます。また尿意便意がはっきりしない人にも、そのことでトイレに行っても仕方がないとは考えず、トイレへお連れしてみます。

　様々な工夫をしてもトイレでの排泄が難しくなると、オムツを使用することになります。このような場合でも時間でオムツ交換をするだけではなく、可能ならばトイレへ誘導します。そして、汚れたオムツを付けている時間がなるべく少なくなるように、できる限り随時交換していきます。

　このように羞恥心に配慮することはもちろん、あくまでもその人のADL、認知機能、全身状態に合わせてケアの仕方を柔軟に変えていく必要があります。全身衰弱のためトイレにやっと座れるような人をトイレに座らせたり、逆に一時の全身状態の悪化によりその

後トイレ誘導をやめてしまったりすることは、どちらも望ましくありません。本人の気持ちに寄り添う形で、しかも苦痛が少ない形でケアをしていくことが大切であると考えています。

3. 排泄を失敗してしまうと

　排泄を失敗してしまうと、気持ち悪い、かゆいといった不快な状況に置かれます。そして恥ずかしい、どうしたらよいのだろうといった感情を抱き、トラブルや暴力、ケアの拒否へと発展することがあります。判断力が低下した中で、自分でどうにかしようとすれば、その方法がわからず放尿やオムツ外し、便いじりといった行動になることもありえます。介入が遅ければ遅いほど、放尿は転倒の危険、便いじりは異食へと、さらに本人にとって都合の悪い状況へと発展してしまう危険があります。

　尿や便が出たことをうまく伝えることのできない人の場合は、私たちが気づかなければ、いつまでも汚れたままの状態のため、褥創の発生や感染の危険が高くなります。いつもの様子とは違ってそわそわしていたり、ズボンの中に手を入れたりといったしぐさ、困っているような表情、いつもより歩くスピードが速いなど、その人の癖を見逃さずに捉えてなるべく早く対応します。その人の大体の排泄パターンを理解し、失敗する前にトイレへと誘導することを心掛けケアすることが大切です。たとえ、サインがあってもそれに気づくのが遅れてしまうと、不快な時間も長くなってしまいます。

4. 排泄ケアを継続すると

　排泄を失敗していた人がうまくできると、汚さずに排泄できた爽快感を得るだけでなく、排泄に対する自信にもつながります。この

ような積み重ねが、関連したトラブルや転倒などの事故を減らすことにつながっていきます。そしてこのような排泄ケアを通して、その人とスタッフとのコミュニケーションがとりやすくなっていくことがあります。また関わったスタッフは、その人のトイレでの排泄の可能性について確信が持てるようになります。スタッフにとっては、成功体験を重ねていくと、やりがいが生まれたり、他の患者さんのケアに役立つスキルの向上につながったりします。

5. 「排泄」のいろいろな場面

① ズボンを下ろされることが嫌

　誰でも、ズボンをいきなり下ろされたり、後ろから急に下ろされたりしたらびっくりします。スタッフのそのようなまずい関わり方のために拒否されている場合があります。関わるスタッフを替えたり、コミュニケーションやスキンシップをとったりして安心してもらってから、ゆっくり自分で下ろすように促すことで拒否が減ります。反応を見ながら関わっていくことがとても大切です。後ろから介助されると拒否が強い人でも、前からゆっくり下ろすと拒否が少なくなる場合もあります。人としての尊厳に関わる場面なので、それなりの信頼関係がないと難しい人もいます。

② 尿便意を催しているが、なかなか排泄ができない

　その人に合った薬によるコントロールも大切ですが、薬を利用する前に腹部マッサージや腹圧のかかりやすい姿勢をとっていただきます。水を流す音が効果音となり、自然に排泄ができることもあります。一般的には前傾姿勢が腹圧がかかりやすいといわれていますが、なかには後屈姿勢や少し体を横に傾けることで、排泄がスムー

ズにできる人もいます。時に、身体が小さくて便器に合わず足の裏が床にしっかり着いていない人もいます。体の大きさに合わせたポータブルトイレを使用するなど、自然に排泄できるような環境の工夫や配慮が必要になります。

③ トイレに誘われることが嫌い

「トイレ」という言葉に羞恥心を感じるのかもしれません。自分でできると思っているのに、「なぜ誘われなくてはいけないのか」と思っているのかもしれません。まず自分のケアの仕方を振り返ります。自分の誘い方は適切だったか、急がせていないか、プライドを傷つけず声をかけたか、男性あるいは女性のスタッフだと拒否が多いか、排泄のリズムを事前に確認してから声をかけているか、などに注意します。

ただこれらのことができていても、拒否される場合も多くあります。そのようなときは誘い方を少し工夫してみます。「少し散歩しましょう」と誘い、少し歩いた後でトイレの前を通り、「トイレがあるから行きませんか」とさりげなく誘ってみる。何かのついでだったら、トイレに立ち寄ってくれることもあるのです。自らトイレに行く可能性が高ければ、パンツを下ろしやすいように大きいサイズを履いてもらうこともあります。その人のできること、できないことを明確にし、本人に負担が少なく排泄できるように介入することがとても大切になります。

いろいろ工夫をしてみても、なかなかうまくトイレで排泄することができないのが現実です。いろいろなタイミング、接し方を試してみて、その中でうまく関われた方法をスタッフ間で共有し、その方法を継続徹底することで本人にとって一番良い方法が見つかるは

ずです。人によっては自分でトイレを探したときや、目覚めたときにしか排泄がうまくいかない場合もあります。

④ トイレを見ても認識ができない

トイレを見てもすぐにここで排泄してよいのか判断に迷っている人もいます。「トイレですよ」という声かけやトイレの水を流す音で伝わることもありますが、それでも伝わらない場合は、スタッフがトイレに座ってみせると判断できる場合もあります。また、便座の隣に座ってここに座ってくださいとトントンと便座をたたくと座れるケースもあります。いくつかこれらを組み合わせることで認識できる場合もあります。排泄する本人にとって、目の前の洋式便座はトイレではないのかもしれません。その人の生活背景や長年の排泄習慣を情報として理解しておく必要があります。

便座をトントンとたたくと、トイレの仕方をわかってもらえる場合があります

⑤ 排泄ケアがうまくいかずに放尿や弄便行為、オムツ外しなどにいたってしまう

日常の中では大勢の人の様々なケアを同時に行っているため、排泄のサインを把握していても、関わることができずに失敗させてしまうこともあります。そのようなときは速やかに静かに対応します。こちらが慌てたり、急かしたりしてしまうことは、理解力や判

断力が低下している人にとって、さらに混乱を助長することにつながりかねません。スタッフの発する言葉にも注意が必要です。排泄に関して世話になるだけでも恥ずかしいと思っている人は、何気ないスタッフの言葉に「私は何か悪いことをしてしまったのでは」と敏感に反応し、そこからトラブルや不穏を誘発させてしまうこともあります。速やかに、しかも本人をできるだけ混乱させないように対応することが大切です。

清潔

1. 目的

　皮膚の清潔を保つことは、皮膚や粘膜に備わっている保護・排泄・体温調節・感覚といった生理機能の働きを維持し、感染症を予防することにつながります。入浴や部分浴、清拭は血液の循環を促進し、新陳代謝を活発にします。身体を適切に温めることは、筋肉の疲労や緊張を除き、爽快感や安らぎをもたらします。また、清潔ケアは皮膚の観察やコミュニケーションを図る機会となり、現在の心身の状態を知る重要な手がかりになります。

　体が清潔になり、身だしなみが整うことは、人が社会生活を送るうえで、「私らしさを表現する」ことにほかならず、自分が満足する程度に整えていれば、社会生活を送るうえでの自信や生きる意欲につながります。身だしなみが整っていると、スタッフや他の患者さんに褒められることもあるでしょう。褒められると嬉しくなり、表情も豊かになります。喜んでいる患者さんを見ると、スタッフのやりがいや意欲に繋がります。いつも表情が明るいと、ご家族も大切にされていると感じられるのではないでしょうか。

2.　大切にしていること

　まず起床時、部屋から出る前に、ある程度身だしなみが整うよう声かけをしたり、お手伝いをします。自ら身だしなみを整えるという行為は、認知機能が低下していても、声をかけることで部分的にでもできることが多いので、自分でできる範囲で行ってもらいます。他の人と接する前に身だしなみが整っていれば、お互い気持ちの良い印象を持つことができます。「おはよう」という挨拶も自然と出ることになり、清々しい気持ちで一日のスタートが切れます。髭剃りは男性にとって、お化粧（口紅やまゆずみ）は女性にとって、手続き記憶になっていることが多いので、尊重します。

　入浴の回数や時間は、本人の生活習慣に沿っていることが望まれますが、大勢の人のケアを行っているとなかなか思い通りにいきません。しかし、必要性が高ければ入浴の回数などを増やすよう検討し、「清潔である」ことを大事にしていきます。

　その人の状況や状態に合わせて刺激の少ない石鹸や綿タオル、家庭風呂の活用、湯温の調整をしていきます。

　身体の清潔や衣類が綺麗であることはもちろん、寝るところや食べるところなど、暮らしの場が綺麗で心地良い環境であることが大切です。

3.　お風呂に入ること

　入浴はエネルギー消費が高く、循環や代謝を過度に促進するため、健康状態に変化をきたしやすい行為です。何となく表情が優れない人、微熱がある人、ターミナル期にある人などは、往々にして入浴することを控えてしまいがちですが、私たちは持続点滴や酸素吸入が必要な人であっても、全身状態を観察しながら安全に気持ち

よく入れると判断した場合、入浴してもらっています。状況によっては医師が付き添い入浴することもあります。利用者にとって、お風呂に入らずにいることの安楽と、お風呂に入ることでの快適性を比較し、その日その日の状況で判断していきます。

4.「入浴拒否」のいろいろな場面において気を付けること、工夫

① 脱ぐことが嫌（寒い、痛い、恥ずかしい）

寒いから嫌

　室温を調整し、ドアを閉めて風が入らないようにします。タオルなどで保温しながら脱衣介助します。入浴中も、温まっていない部位を温めながら介助します。

更衣介助に痛みを感じるから嫌

　ゆったりした服装を準備し、着衣時は必ず患側から、脱衣時には必ず健側から介助します。

恥ずかしいから嫌

　時間調整し、一人で入ってもらえるようにして、できることはなるべく本人にやっていただきます。同性介助、家庭浴槽の活用、タオルで隠しながら脱衣、入浴していただくことも考えます。パーティション（ついたて）で浴槽を区切るとよい場合もあります。

大きい風呂が嫌い（寒い、恥ずかしい、滑りやすくて怖い）

　寒い、恥ずかしいは上記の対応と同様です。

滑りやすくて怖い

　滑り止めマットを活用したり、タオルなどを敷いたりします。また、スタッフの手にタオルを巻いてつかまってもらいます。

② もともとお風呂が嫌い、面倒、気分が乗らない

　誘導、脱衣、入浴までを一人のスタッフだけが関わります。排泄や空腹などの不快を取り除いてから誘います。洗髪が嫌な人には身体から洗い、入浴後に頭を洗います。洗髪時、顔にお湯がかからないようにします。

　無理強いはせず、拒否されたら、時間を置き再度関わります。部分浴、清拭から進め、会話しながら入浴へ誘います。また、仲の良い患者さんと一緒に誘導します。

　入る気になれるよう、入浴後の衣類、洗面器とタオルを一緒に用意して声をかけます。浴室が混んでいないか、相性の悪い人が先に入っていないか確認してから声をかけます。機嫌の悪いときには誘いません。

5. 拒否のある人に対し、工夫してチームとして関わる

　お風呂に入るのが嫌な人が、やっとのことで脱衣室まで来たときは、誘導してきたスタッフの様子を見て、スムーズにここまで来たのか、四苦八苦して何とかここまでできたのか、対応中の雰囲気をくみ取り、どの場面で介入するべきかを考える必要があります。

　「いらっしゃい」「待っていました」と歓迎の声をかけると、入る気持ちになる患者さんがいます。逆に声をかけたばかりに、ますます嫌がってしてしまう場合もあります。浴室に入ってきたときの雰囲気を感じ取り、浴室にいるスタッフは対応を変えます。入浴のための最初の声かけから、脱衣、洗身、着衣、お風呂終了までの一連の流れを一人のスタッフが行うことで、入浴に対して抱いていた嫌な気分が拭い取れ、快適に入浴できることもあります。

6.「入浴拒否」の捉え方

　本来入浴は、身体の汚れを洗い流し、ゆったりとお湯につかることで血行を良くし、疲労を取り爽快な気分にするためのものです。心身に何らかの障害が発生して一人では入浴できなくなると、誰かの介助が必要になりますが、認知症を患うと、認知機能の低下や意欲の減退、理解不足などから、入浴に誘っても「今は入りたくない」「後で入る」「毎日家で風呂に入っているから」「風邪を引いている」などいろいろな理由をつけて入浴を拒否されることがあります。

　また、入浴の際に、対応や環境などその人に合わない方法で入浴した場合に不快を感じると、入浴行為がマイナスイメージとなり、それが拒否につながります。他のケア同様に、その人がどのように入浴されていたのか、生活スタイルや介助方法などをしっかりアセスメントし、個々人に合わせた時間や環境、関わり方などを検討し、スタッフ間で情報共有を行い、プラスのイメージに変換していくことが必要です。

7. 清拭

　清拭は入浴と同じく清潔保持（感染予防）だけでなく、爽快感を得ることができます。疲労や体調不良時、安静時などの入浴を控える必要がある場合に行います。入浴を控えなければならない状態で

すので、苦痛、疲労は最低限に抑えなければいけません。

　入浴を促すときと同じように、室温管理、プライバシーや羞恥心への配慮は重要です。また清拭、更衣を同時に行うなど、体位変換を最小限に済ますことも負担軽減のため大切です。

　入浴に対して拒否がある人に対しいろいろ工夫したものの、それでも入浴できない場合には、清拭を行う必要があります。入浴を拒否されているのですから、清拭を勧めても拒否が見られる場合が考えられます。入浴と同様に無理強いせず、工夫して関わります。

　それでも拒否が強い場合は、その日は入浴、清拭共に中止して後日行うなどの配慮も必要になります。

8.　口腔ケア

　近年、誤嚥性肺炎との関連などで注目されていますが、日常生活においても気持ち良く快適に生活するために重要なケアです。しかし認知機能が低下している人々への口腔ケアは、理解されにくく拒否がしばしば見られます。無理強いせずその人に合った方法で介助することが必要になります。

　口の中をいじられるのは、怖いものです。できるだけ自分で磨けるように、歯ブラシを持ってもらったり、鏡を見てジェスチャーしたりしてみます。ケアを行う前から笑顔で関わり、会話などで気持ちをほぐしてから、ケアの説明をしたうえで介助します。ゆっくりとした動作で、恐怖心を少しでも減らすように行います。

　それでも拒否が強い場合には、うがいだけでも勧めます。うがいもできないときには、食事の後に、せめてお茶を飲んでいただきます。少し時間を置いてからあらためてケアを試みるとうまくいくこともあります。

9. 不潔な状態になると

　皮膚が不潔で身だしなみが整っていないと、かゆみや痛み、においから不快になり、心地良い社会生活を送りにくくなります。これらは時に、いらいらや不眠、皮膚のかきむしり、オムツ外しを生じ、大声や乱暴といった行動に発展することもあります。

アクティビティ（良い刺激）

1. 目的

　アクティビティとは、日常生活を活性化するために行われる諸活動のことをいいます。高齢者のアクティビティというと、体操、手芸、ゲーム、回想法、散歩、音楽、学習、美術（塗り絵など）、役割活動などがすぐに思い浮かびます。しかし私たちは、そのような場だけでなく、日常の様々な関わりをアクティビティとして捉えています。その目的は、認知機能の改善というよりも、日々の生活に潤いや刺激を与えることです。

　これらの諸活動を通して、心地良い刺激（快の刺激）に対する反応を呼び起こします。「心地良い」という感情により気分は落ち着き、穏やかに日々を過ごしていくことができるようになります。

　また、活動内容をあまり理解できていなかったとしても、楽しそうな雰囲気があれば、その場の雰囲気を楽しいと感じ、満足感や充実感を味わうことができます。時間・空間を共有し共に楽しむことや活動に集中することでその人らしさが表現されれば、その人の存在が際立ち、役割意識が生まれてくることもあると考えます。

2.　大切にしていること

　アクティビティを実践するうえで大切なことは、その活動を行おうとしてもできないとき、以前の自分と比較し、自信の喪失体験につながらないようにすることです。認知機能が低下している人にとって失敗することから何かを得て、そこから心地良い刺激へと転換することは難しいためです。そのためにも生活史や本人の発した言葉から得意なことや苦手なことを情報収集し、またどのくらい理解してどの程度上手にできるかといった作業能力を把握し、「その人らしさ」やその人にとっての「良い刺激」を知る（共感する）ことが大切になります。

　その人らしさや心地良い刺激は、日々の生活の中から見出すことができます。たとえば、ベッドで横になっている人が、聞こえてくる音楽に反応し足でリズムをとっている。窓の外を見て「子供がいるよ」と微笑んでいる。エプロンたたみを手伝い、「これは私の仕事よ」と胸を張る。散歩に出て、「花が綺麗だね、生け花をやりたいな」と以前の趣味を思い出す。体操、合唱、レクリエーションなど他者と一緒に行うことに楽しみや安心を感じるなど、様々です。このようなその人らしさにきちんと気づき、丁寧に関わり続けることを大切にしています。

3.　その人に合った良い刺激の提供

　その人にとって良い刺激となるものは何かを考えます。言語的コミュニケーションが可能な人であれば、日常的に声かけや会話などで刺激を提供します。発語が困難であったり、難聴が重度である人に対しては、体・手に触れる（ボディタッチ）、ジェスチャーなど非言語的コミュニケーションを通して関わりを持ちます。また、精

神科作業療法での音楽活動、ボール運動（感覚刺激）、創作活動（紙細工、塗り絵など）も良い刺激へとつながると考えます。

　その人に合った良い刺激を提供するために、その人に合った内容の選択も必要となります。生活史、会話の中から趣味や関心のあることの情報収集に努め、ニーズを把握します。歌うことが好きな人であれば音楽の活動を提供し、懐かしい気持ちを思い出したり、ストレス発散につなげたりします。体を動かすのが好きな人に対しては、一緒に体操をして体を動かし、筋力の維持・向上や姿勢の修正などを促します。塗り絵は、比較的取り組みやすく、集中することで情緒の安定につながり、落ち着きなさの減少にも効果があると考えます。散歩は外気に触れることで気分転換になるだけでなく、景色を眺めることが刺激になったり、体を動かすきっかけになったりします。囲碁や将棋などのゲームは過去に趣味で取り組んでおられた人も多く、自然と表情に笑顔が見られる場面が多くあります。

4. 様々な形で心地良さを追求する

　行事（足湯、花見、外出、外食、夕涼み、調理）、集団活動、回想法を通して季節を感じられるような関わりを持ちます。また、月ごとの誕生会では、楽しい雰囲気の中で周りの人が誕生者を歌で祝ったり、お菓子を一緒に食べたり、心地良い場となるようにします。外部のボランティアの人たちが演奏する太鼓やピアノ、歌の会も、日常と異なる大事な活動です。また、病棟から離れて家族とゆったり過ごしたり、庭の観葉植物を見ながらスタッフと過ごしたりできる喫茶の利用も、自然と心地良さを感じる場となっていると考えられます。

5. レクリエーションに参加できない人のアクティビティ

　活動がもともと好きではなく一人で静かに過ごしたい人、集団活動が苦手で対人緊張が強い人、個別作業への取り組みが困難な人、自主的に参加の意思表示が難しい人など、様々な理由でレクリエーションに参加できない人がいます。

　参加できない人のアクティビティを考えていく前提として、参加を強制しないことが大切です。本人のペースに合わせて考える必要があります。活動が好きではなく一人で過ごしたい人に対しては、居室に訪問して話しかけるなど、本人の興味がある話題を提供します。集団での活動が苦手な人に対しては、集団の輪から少し離れた所で最初は活動を眺めてもらい、場の雰囲気に馴染めてきたら、集団に入ってもらうようにします。作業への取り組みが困難であったり、意思表示が難しい人には、普段からスキンシップの機会を多く持ち、楽しめる、関心のある活動を検討したり、関係性を構築していくところから始めます。また、参加時の表情や動作からも、疲労感や興味・関心のサインをつかむ必要があります。

6. グループホーム的ケア（家庭的活動、仕事的活動の提供）

　グループホーム的ケアは、かつて自分の家で行っていた日常的な動作や行為をごく自然にやってもらうために、家庭のリビングルームを設定して8〜10名くらいのメンバーが一緒に、ある一定の時間を過ごすプログラムです。認知機能が低下しても、茶碗洗い、机拭き、床を掃く、ご飯をよそう、お茶をいれるといった昔から行っていた行為や動作は手続き記憶となっており、うまくできることが多いのです。

　最初はできなくても、少し慣れてくるとできたり、あるいは少し

手伝うことでできたりすることもあります。そのようにしていくうちに集団の中で自分の役割が出てきて、その役割を果たそうと努めるようになります。仕事を頑張ってこられた人が過去に就いていた職業に関する活動に興味を示されたり、農作業や庭の手入れの経験が活動に活かされたりすることもあるかもしれません。皆がそれぞれ、集団の中で役割を持つようになり、それぞれが認識し合うようになってきます。そして役割が果たせたときには、皆から賞賛されて自信がつき、その結果「自分は生きていてもよいのだ」との実感がわいてくるのです。

注）グループホーム的ケア：中等度の認知症の人で、歩行ができる方、車椅子であれば軽介助レベルの方を対象とする。スタッフは介護、看護、PT（理学療法士）、OT（作業療法士）が専門職としてそれぞれの役割で関わり、評価していく。

7. 小集団レクリエーション

　新しい試みとして、個別でも集団でもない、5〜8人程度を対象としたレクリエーションがあります。内容は集団レクリエーションと似ていますが、スタッフが1グループに2〜3人ついて、一人ひとりと密に関わることができるというメリットがあります。

8. アクティビティ実施時の工夫

　日々のケアの中では、忙しさから特別にアクティビティの時間を取ることができない、という課題が出てきます。私たちには、アクティビティの時間を確保する工夫と共に、食事、排泄、清潔といった日々のケアの中にも「アクティビティ的要素＝心地良い刺激」を取り入れ、人生をより豊かにする関わりが求められています。

第 **2** 章

認知機能が
低下している人との
コミュニケーション

コミュニケーションとは

基本姿勢

特徴と対応

話しかけの基本

よくある「コミュニケーション」の
事例

コミュニケーションが
うまくとれると

コミュニケーションとは

　人と人との社会的関係を作り出し、維持、改善する双方向のやりとりがコミュニケーションです。人が生活をしていくためには、不可欠です。言葉を介してわかり合うこともあれば、言葉を超えて楽しいとか悲しいとかいった気持ちを共有することもあります。これは認知症であっても同様です。認知症の人とケア提供者とのコミュニケーションは、認知症の人のQOLにとって大きな意味を持っています。

認知機能が低下している人と
コミュニケーションをとるための基本的姿勢

　認知症の人であっても、決して何もわからなくなるわけではありません。日々感じ、考えていることがあります。認知症の人の意思を一方的に決めつけることなく、まず本人に聞いてみることが大切です。本人の言葉通りには理解できなくても、心に向き合うことからコミュニケーションは始まります。そばにいる、視線が合ってほほ笑み合うなどの心地良い雰囲気を作っていくことでコミュニケーションが成立し、人と人とのつながりが強まることもあります。

　上記の基本的態度を前提に私たちは専門職として、さらに認知機能が低下しているという状態について理解する必要があります。またその人が数十年以上にわたる人生を歩んでこられたということに思いをはせ、理解する必要があります。認知症を知り、その人を知ることで、その人にふさわしいコミュニケーション方法がわかってくるのです。

認知機能が低下している人との
コミュニケーションの特徴と対応

　ここでは、認知機能が低下している人とのコミュニケーションの特徴を3つに分け、それぞれの特徴をふまえた対応についてまとめました。

1. 繰り返し

　短期記憶の障害から、繰り返しの訴えが多くなります。論理的、抽象的な思考が苦手となり、言葉で自分の状況を説明することが難しくなります。逆に、こちらから感情に訴えかけたり、具体的なものを介したりすると理解されやすかったりします。

〈対応の仕方〉

　繰り返しの訴えがあっても当然だと考えます。何を言おうとしているのかすぐにわからなくても、きちんと受け止め、その人の様子、雰囲気から真のメッセージは何かを常に考えます。感情に焦点をあて、言葉に固執しないことが大切です。その人独自の表現方法を意識し、あえてその人が発する言葉と同じような言葉を使ったり、アイコンタクトやジェスチャーなど非言語的コミュニケーションを活用したりすることもあります。こちらから伝えたいことは、具体的な事物を見せて話すとスムーズに理解できることもあります。トイレ誘導のときは、実際にトイレにお連れして身振り手振りで促すと、便座に座ってもらえることはよく経験します。

2. 理解力の低下

　理解力、判断力の低下により理解するまで時間がかかったり、注

意を払いにくくなったり、気が散りやすかったりします。そのため聞き間違えや勘違い、理解しているようでも行動が伴わない、質問と違った答えが返ってくることなどが多く見られます。見当識障害から不安や混乱が起きやすく、失語、失認、失行や廃用による実行遂行機能の低下から、今までできたことができなくなることが多くなってきます。そのため漠然とした不安が解消されにくく、落ち着いた対話ができにくい傾向があります。

〈対応の仕方〉

声かけは、正面から目線を合わせて行います。時間をかけてゆっくりと話を聴くようにします。その人にわかりやすい話し方で、何度でもその人が納得できるように答えます。周囲が騒々しくないことはもちろんですが、その他、においや寒暖、湿度などにも注意してコミュニケーションに集中しやすい環境を作っていきます。たとえ現実に合わないことを言ったり、間違った行動をとったりしても、誤りを指摘したり、否定や制止をしたりすべきではありません。基本的にはその人の世界に合わせて話を進めますが、そのままだとネガティブな方向に行ってしまいそうなときや、興奮が強くなり危険な状況になりかねないようなときには、場面の転換を図るべく、対応するスタッフを替えたり、場所を替えたりします。

3. プライドや羞恥心

数十年以上生きてこられた人生の先達であり、過去の経験や職歴などから身についたプライドがあるので、日常生活上の失敗に対する羞恥心が心理的・身体的な行動に多大な影響を与えることがあります。また、これまでの人生での経験が、会話や行動の背景として様々な形で表れることがあります。

〈対応の仕方〉

　認知機能が低下していても尊厳のある人として遇するのは当然です。ケア前には必ず声をかける、子供扱いしないなどは基本であり、大切なことです。プライドや羞恥心に配慮して、誤りや失敗を指摘したり、注意したりすることは控え、さりげなくカバーします。また生活歴を把握し、ご本人が発するメッセージの内容を推測することも大切です。

話しかけの基本

　ここでは、病棟でよく経験する具体的な場面を想定して、なぜそのように対応するのか理由も含めてまとめました。

1. 声かけは正面から目線を合わせてゆっくりと行う

　目線を合わせることで、ご本人に注意が向けられていることを認識してもらいます。

　その人の反応を見て、お辞儀や挨拶、握手などをしてから受け入れ態勢になっていることを確認します。命令や子供扱いはせず、尊厳ある一個人として対応します。

2. ケアを行う前には必ず声かけをする

　何も言わずに、ケアを行うことは失礼です。いきなりズボンを脱がしてトイレに座らせたり、何も告げずオムツ交換をしたりすると、びっくりしてしまいます。時に拒否や暴力に発展することもあります。

3. きちんと受け止める

　何を言わんとしているのか、その人の様子・雰囲気も含め受け止めます（無視しない、いい加減にあしらわない）。

　記憶力の低下や判断力の低下などから自分の思いを正確に伝えられない人や、思っていることと違うことを口にする人がいます。また羞恥心から訴えられない人もいます。その人の表情を読み取り、言葉の奥にある思いをくみ取ること、また訴えを傾聴することが大切です。

4. 誤りを指摘したり注意したりしない。否定や制止はしない

　現実に合わないことを言ったり、間違った行動をしても叱ったり、否定や訂正するのはよくありません。注意された内容はすぐ忘れてしまいますが、注意されたときの屈辱感や不快な気持ちは残ります。また、行動を制止するのもよくありません。行動を止められると、自分を否定された気持ちになり、不愉快になります。

　行動には何か理由があるはずです。まず理由を聞いてみます。危険が伴わない状況であれば受け入れ、行動を見守ることも大切です。明らかにミスマッチなことをしていたら、まずは受け入れ、その後に「こういう方法もいいですよ」と正しい方法を見てもらうと正しいやり方を思い出し、行動できることがあります。

認知症の人のお話に否定的な態度をとりません

5. その人の世界に合わせる。合わせられないときには、人や場面を転換し気をそらす

　他人を家族や知り合いだと間違って思い込むことがあります。そういうときは訂正せず、話を合わせます。また物がなくなったと訴えてきたときは、一緒に探すなど行動を共にすると落ち着くことがあります。

　その人の世界に合わせても落ち着かない場合は、気をそらすために、話すスタッフを替えたり散歩などに誘ったりして場面の転換を図ります。一緒にお茶を飲んだり、興味のある話に切り替えることで、執着していたことから気がそれたり、気がかりだったことを忘れ、気分転換になることがあります。

6. 非言語的コミュニケーションの活用

　言葉だけでなく、身振り、表情、物を使うなどして、非言語的コミュニケーションも活用します。優しいしぐさや眼差し、手を握る、さするなどの関わりは、安心感を与えることもあります。しかし触られることを嫌がる人もいらっしゃるので、注意が必要です。

よくある「コミュニケーション」の事例

1. 同じ話を繰り返す

　記憶障害が重度になると1分前に話したことを忘れ、また同じ話を繰り返します。記憶がつながっていない患者さんは、その時その時、今を生きています。そのことをスタッフは理解して、同じ質問を何度もしてこられても、その都度初めて聞いたように気持ち良く丁寧に対応します。

「さっきも聞きましたよ」「さっきも言いましたよ」とは言わずに、患者さんが安心する声かけをすることが大切です。

① どういう訴えなのかをじっくり聞く（真意を探る）

どういうことを伝えたいのか、何をしたいのか、どうしてほしいのかを探ります。かなえられる欲求であればすぐに対応します。欲求を満たして安心してもらうことが大切です。

かなえられない欲求（帰りたい……など）の場合は、気持ちを受け止め、安心できるような対応をとります。

② 一緒に過ごす（安心感をもたらす）

スタッフがそばにいるだけでも安心され落ち着くことがあります。

③ 気分転換を図ったり、気をそらしたり、場面の転換や他のことで気を紛らわす

人によっては、スタッフと一緒に過ごして落ち着いても、落ち着いた後、気をそらしたほうがよい場合があります。いろいろなパターンがあるので、繰り返し試してみると、その人に合った対応法がわかってきます。

（事例1）食後すぐに「ご飯を食べていない」という訴えに対して

思いを受け止める → 共感する → 気を紛らわす → 気をそらす

「お腹が空いたのですか？　私も空きました。まだ食事の準備ができていないので、できたらお持ちします。今日のメニューはなんでしょうね」と言って、一緒にメニューを見て「楽しみですね」「何がお好きですか？」と話題を少しずつ変えながら気をそらしていく。

また「できるまでお茶をどうぞ」と言って、お茶やお菓子を勧めるのも良い方法です。

（事例２）「帰りたい」と落ち着かない場合

気持ちを受け止める → 真意を探る → 行動を見る → 一緒に行動する → 気分転換を図る

　不安や不快なことがあると、「ここには居たくない」という気持ちになり、そこから「帰りたい」という発言になります。「どうしたのですか？」と本人の気持ちを聞きます。

　「息子が待っているから帰らないと」と言われるかもしれません。「心配ですね。今日はもう遅いので明日送っていきます。息子さんには泊まることを伝えておきます」と答えます。それでも納得せず歩き出す場合は、しばらく一緒に歩きます。しばらく歩いた後に休憩を促し、お茶やお菓子を勧め気分転換を図ります。または本人の好きなこと（歌をうたう、本を読む、家事・仕事の作業）を勧めます。これらの対応で訴えがなくなり落ち着いても、現在居る場所が安心できる環境でなければまた不安になり、そこから再び帰宅願望が始まります。「ここは居心地が良い」「ここにいると安心だ」と思えるような環境作りと声かけ、対応が必要です。

（事例３）「物がなくなった」と訴える場合

話を聞く → 一緒に探す（一緒に過ごす） → 関心をそらす → 気分転換を図る

　まず何がなくなったのか、いつなくなったのかを聞きます。一緒に箪笥やカバンの中などを探し、一緒に確認します。「ないですね。他の人にも探してもらいましょう」と言って、他の場所に移動して

もらい、お茶やお菓子を差し出し食べてもらうと、関心をそらすことができます。また一緒に散歩に出たり、本人の好きなことをしたりして気を紛らわすと、気分が変わります。お金がなくなったという場合は「金庫に預けています」と言うと、安心される場合があります。また「預かっていました」「落ちていましたよ」と言って、おもちゃのお金を渡すと納得されることがあります。

2. こちらの言うことがなかなか理解できない

　認知機能が低下すると、言葉の理解が難しくなったり、何の話をしているのか自体が曖昧になったりします。ケアの場面でこちらから働きかける場合に、なかなか伝えたいことが伝わらず、協力していただけないことがしばしばです。本人のペースに合わせて焦らないこと、言葉よりも具体的イメージを伝えるようジェスチャーなど非言語的コミュニケーションを駆使することが大切です。

① 働きかけを受け入れてくれる状況を作り出す

　患者さんの状態を無視して、時間になったからケアを行うという意識では、うまくいかないことが多くあります。言葉の理解は難しくても感情面は保たれていることが多いので、タッチングしながら笑顔で接したり、患者さんの好む表現方法で接したりして、リラックスできるようにします。

② 本人のペースに合わせる

　心と体に向き合って本人のリズムをつかみます。ゆっくりと行い、場合によっては一連の動作を分解して、一つずつ誘導していくことも効果的です。言葉が理解できなくても、やさしく話しかけ、

本人の発した言葉をしっかり受け止めます。会話の中で共感する、うれしい、楽しいなどのポジティブな言葉かけをしながら、ケアを行っていきます。

③ 具体的なイメージが伝わるように工夫する

　言葉かけをする場合、文で伝えるよりも単語だけ伝え、ジェスチャーを組み合わせるほうがよい場合があります。

（事例1）歯磨き時

　食事が終わり、ふつうなら歯を磨きますが、すんなり歯を磨くことができないことがよくあります。うまくいかない場合には、場所を変えて促す、他の患者さんが行っているのを見てもらう、トイレに行ってさっぱりした後スタッフや時間を変更すると、スムーズにできることもあります。「歯を磨いてください」と言って、歯ブラシを渡しても磨けない場合、歯ブラシを渡して「磨きましょう」と言いながらジェスチャーをすると真似してできることがあります。また、「歯磨き」「うがい」などの単語だけを言ったほうがよい場合もあります。

（事例2）更衣時

　更衣が必要な場合でも、ご本人が恥ずかしいと思う気持ちが強かったりすると、心から納得できていないことがあります。更衣を促す前に、更衣してもよいと思っていただけるようリラックスすることが望ましいといえます。「服を脱いでください」と言ってもご自分で脱ぎはじめないときは、「ボタンを外してください」「袖から脱ぎましょう」「シャツを脱ぎましょう」と一動作ずつ声をかけて関わ

るとうまくできます。あくまでも本人のペースで進めます。

コミュニケーションがうまくとれると

　コミュニケーションがうまくとれれば良い人間関係が築けます。良い人間関係が築けて顔なじみの関係ができると、認知症の人も安心感を持ち「この人なら頼みやすい」「この人の言うことなら聞いてもよい」と思えるようになり、療養生活に潤いが出てきます。

　スタッフの側でもコミュニケーションがうまくとれると、様々なケアがスムーズにできるようになります。基本的なケアだけでなくアクティビティをより充実させることもできるようになります。

　認知症の人とのコミュニケーションは、病気の要素に加え、その人のそれまでの人生経験が複雑に絡まり、容易にできないこともしばしば経験されます。私たちスタッフは想像するのが難しい認知症の人の世界に入り込み、試行錯誤するわけですが、そのような中で、ある瞬間コミュニケーションがとれたと感じることがあります。このような瞬間、それまでの大変さやつらさが一気に吹き飛び、いつの間にかガッツポーズが出ていることもあります。

第**3**章

BPSD
（行動心理症状）

BPSDとは

BPSD（Behavioral and Psychological Symptoms of Dementia）とは、認知症に伴う行動、心理症状のことです。具体的には、徘徊、異食、弄便、脱衣行為、興奮、大声、暴力、脱抑制などの行動症状と、幻覚、妄想、抑うつなどの心理症状のことです（下の図）。

認知機能障害の中で、必ず出現する記憶障害や失認、失行といった症状を「中核症状」といい、中核症状から2次的に引き起こされる身体疾患、心理症状、薬物、環境変化などの何かしらの要因によって出現する症状が「BPSD」です。

また、BPSDは、本人の素因（生来の性格など個人の特性）に環境の変化やストレス不安・焦燥感や疎外感などが加わった結果からも生じます。つまり、個別性が高く、介護者を含む環境の影響を受けやすいのです。

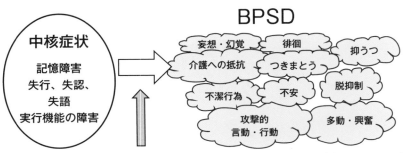

◎ 身体的環境：水分・電解質の異常、便秘、発熱、身体症状（痛み、かゆみなど）、疲労、薬の副作用など。

◎ 心理・社会的環境：不安、孤独、恐れ、抑圧、過度のストレス、無為、プライドの失墜など。

◎ 物理的環境：不適切な環境刺激（音、光、陰、空間の広がりや圧迫など）。

（図：多摩平の森の病院 作成）

　認知機能が低下すると、自分の意思を言葉で上手に、適切な相手に、タイムリーに表現できなかったりします。人によってはBPSDでしか自分を表現できない人もいます。症状の問題にだけ目を向けるのではなく、BPSDをその人が表現（体現）したものと捉えると、認知症を患っている人を理解しやすくなるかもしれません。

　BPSDが表れているときは、それを問題としてではなく、何らかのストレスを感じている状態と捉え、ケアしていくことが必要になります。普段からその人の行動を観察・理解し、いつもと違うことがあれば些細なことも見逃さず、何らかのサインかもしれないと考えることが重要です。その人の行動の特徴を把握し、サインを察知して、さりげなく行動を誘導することで、BPSDを減らすことができるのです。

徘徊

1.　徘徊の捉え方

　在宅での生活において、徘徊はもっとも深刻な問題です。年間多数の行方不明者が出ており、社会ぐるみの取り組みの必要性が叫ばれています。

　病棟においては、鍵が掛かっていること、エレベーターの操作に細工をしていること（これらのこと自体の問題は残ります）などのため、病棟内の環境整備と見守りを徹底すれば徘徊すること自体が問題とはなりません。とはいえ認知症の人が徘徊するとき、歩行がいくら安定していても注意力の低下や判断力の低下などから転倒したり、患者さん同士のトラブルに発展したりすることもあり注意が必要です。

たとえば、徘徊時にバランスを崩して転倒する。ソファーや椅子にぶつかってけがをする。他室に入り患者さん同士の喧嘩<ruby>喧嘩<rt>けんか</rt></ruby>になる。帰りたくて歩いているのに帰れないのでイライラしてしまい、興奮する。このようなことが起こってしまう可能性があります。歩くことによる下肢筋力の維持という反面、運動過多から体重減少や多量の発汗による脱水を起こしてしまう危険もあります。

　そのため、安全に配慮した環境を整え、原因に合った対応をすることが大切となります。環境を整えることでいろいろな問題へと発展する可能性を減らすことができるのです。

2. 安全に配慮した、徘徊できる環境作り

　環境を整えるときに考えなければならない前提は、安全に最大限配慮しつつも、生活する場だということを忘れないことです。つまり、ソファーやテレビ、ピアノ、のれん、飾りものなど、歩行するときに危険となる可能性がある物を全て片付けることはせず、暮らしていくうえで当然にあるべきものは適切な場所に置いておき、自然な生活を営める、居心地の良い、安心できる環境に整えるということです。

ポイント

- 安全の導線の確保（開けておく必要のないドアを閉めておくなど）
- 歩きやすく、動きやすい服装、靴の着用
- 歩行状態を把握し、予測して関わる
- 歩行状態の変化を察知し、適宜休憩を入れる
- 過去の事故、ヒヤリハットを把握しておく
- 転倒時のリスクを減らす工夫をしておく（身体を保護するパン

ツや帽子）

- 居場所の確認と見守りの徹底（死角の把握）
- 障害となる物は置かない（とくに足元にある小さい物は危険）

異食

1. 異食の捉え方

　異食とは、食べ物でない物を口に入れてしまうこと、食べてしまうことです。異食することで喉に物を詰まらせてしまうなど、患者さんの身体（生命）に危険を及ぼす可能性が高いため、異食という行為に至らないように、危険だと思われる物（新聞や本、ティッシュなどの紙類、おしぼりやアクティビティの用品など）は、介護者が、どこに何があるのかを把握し、その場に合わせて判断して片づける必要があります。

　食べ物でないものを口に入れてしまう理由は、本当のところはわかりません。認知機能の低下、判断力の低下、身体機能の低下（視覚、味覚、嗅覚の変化）から、食べ物かそうでないかという判断（区別）がつかなくなっていること、生活の中で、口寂しい、食べること以外に関心が向かない、ストレスや不安など、何らかの欲求が満たされていないこと、それらが複合的に関わっていると考えられます。基本的に食べ物に執着する人が多く、生活歴、背景、時代が関係しているのかもしれません。しかし、なかには理由がなくても口に運んでしまうこともあります。

2. 異食しないための環境作り

　生活空間にあり、口に入れてしまうと危険となる物は、基本的に

は手の届かない場所や見えない場所に置きます。ただし、異食をさせないためといっても、患者さんの目の前からすべての物をなくすわけではありません。患者さんが日々暮らしていく場なのですから、雰囲気を損なわず、異食に至らないような配慮をする必要があります。

　とくに集団生活では、大体同じ時間に、食事をいただく場合が多く、そのときに形態が違う食事に手が伸びてしまうことがあります。常にそのような可能性を考え、座席をセッティングします。生活空間に影響が及ばないような環境の設定・整備をさりげなくしていくことが重要です。環境設定とスタッフの対応で異食は十分に防ぐことができます。

ポイント

- 患者さんの行動パターン、生活リズムを知る
- 異食でヒヤリハット、事故歴があるか否かの把握
- 異食する可能性がある人とそうでない人が同じテーブルに座るときは、行動の見守りをする。または、座席のセッティングに注意する
- 徘徊中に異食の可能性のある人は、所在の確認と見守りを徹底する
- 空腹感が理由で異食してしまう場合は、ご本人の様子や状況を見て、飲み物やおやつを提供していく
- レクリエーションやアクティビティを充実させる

3. 異食を見つけたときの関わり方

　口や手から物を無理やり取り上げるのではなく、異食したものを確認しながら、慌てず、しかし、素早く取り除きます。自歯が多く

残っている人や義歯の人には、口に手を入れると噛まれてしまうこともあるため、噛まれないように注意しつつ口に手を入れます（手袋使用のこと）。

　まず口を開けてもらうよう、スプーンやスワブを噛んでもらいます。なかなか口を開けていただけない場合は、歯ブラシでかき出します。口腔ケアで使用する指サックなどを使うことで、口を開けてもらえることが多いです（奥歯のスポットに指を入れることもよい）。

　ある程度大きな物をかき出したら、うがいをしていただきます。うがいができないときは、スワブなどを使用し、細かいものを取り出します。どうしても口や手から異食物を取り出せない場合は、おやつや飲み物を出し、それに関心を持ってもらい、その間に異食物を取り出したり、手から離してもらったりします。

　消毒薬を飲んでしまった場合は、応急処置として水を飲んでもらいます。催吐は食道粘膜を傷つけるだけでなく、重篤な誤嚥性肺炎を引き起こす可能性があり、吐かせてはいけません。

　取り出した後、またはどうしても取り出せないときは、状態を観察し、医師に報告します。

　今後に備えて、ケアを振り返り、改善するべき点の情報を共有します。

異食しそうなもの

- 紙類：新聞紙、雑誌、本やメモ紙、展示物などの切れ端、ティッシュやトイレットペーパー
- ビニール類：おしぼりの袋、薬の袋、ビニールテープ、おやつの袋
- お花や観葉植物

- 細かい物や生活空間で使用している物：糸くず、ボタン、小さな ごみ、ホコリ、歯磨き粉、入れ歯洗浄剤、入れ歯の固定剤、石 鹸（ハンドソープ）、車椅子などのネジ、プリンなどの容器のふ た、お茶の葉（ティーバッグ）、点滴時に使用するアルコール綿、 絆創膏、トイレに置いてあるアルコールやハイタースプレー液

【盗食（とうしょく）】

　他人のご飯を食べてしまうことをいいます。盗食という言葉は、 あまり耳触りの良い言葉ではないので使用を控えていますが、認知 症の患者さんは、生活の場では自分の物か、他人の物なのか区別が つかず、目の前にある物、視界に入った物、自分にとって関心のあ る物に手を伸ばしてしまうことがよくあります。本人に悪気はない のですが、他人の物に手を出しているので、トラブルの原因になり ます。何よりも、自分の食べている食事の形態と違うものを食べて しまうと喉に詰まってしまう危険があるので、異食と同じく注意が 必要です。

【窒息】

　のどに詰まらせて、呼吸ができなくなってしまうことをいいます。 最悪の場合、死に至ることもあります。

　食べ物でも窒息しますが、異食したもので窒息してしまう可能性 もあります。窒息しないために日頃の環境の設定はもちろん、普段 の様子や行動の観察をしっかり行い、普段との様子の変化を見逃さ ないことが大切です。

　またこの場合、命に関わる緊急事態なので、患者さんのペースで ケアをしている場合ではありません。緊急の場合は無理にでも喉の 異物を取り除きましょう。

弄便

1. 弄便の捉え方

　排泄物（便）を触ってしまったり、いじってしまったりすることを弄便といいます。オムツなどに便が出てしまうと、「何か気持ち悪い」と感じ、触ってしまい、触った手の汚れを取りたくてシーツや洋服、壁などで手を拭うという行為につながります。

　適度な運動、適度な水分摂取、本人に合わせた排便のコントロールをすることと、オムツではなくトイレで排泄を促すことで、自力、もしくは介助でも排泄が十分あれば原因が取り除かれます。また、オムツ内への排泄があっても、その不快感を早めに取り除くことで弄便に至ることは少なくなるので、排泄ケアが大切になってきます。

　弄便は、便失禁後の不快感がおもな原因と考えられます。また、認知症の人は不快な感じをうまく伝えられないことも関係してきます。本人は便だと認識していないことも多く、なんとか自分で不快なものを取り除こうとして、うまくできなかった結果であり、自尊心や羞恥心なども絡んでいるので、ケアには十分に配慮する必要があります。

2. 弄便をしないための環境作り

　患者さんの排泄パターンの把握と排尿・排便のサイン（ソワソワ、立ち上がりが頻回、何かしらの訴えが多くなるなど落ち着きがなくなる）を読み取り、素早く対応することが必要です。

　また、排便のコントロール（医師と連携、摘便、便秘傾向改善のために水分補給や適度な運動、繊維質の摂取、定期的にトイレに座

る習慣をつける）、トイレ表示をわかりやすくする、トイレに入ったら患者さんを緊張させないような適度な見守りをするなど、排泄しやすい環境を整えることが重要です。オムツ使用の人に対しては、こまめなラウンド（見回り）と、排泄後には速やかにオムツ交換を行うようにします。日頃からコミュニケーションをとり、関係を作っておくことも大切になってきます。

3. 弄便してしまったときの関わり方

　大騒ぎせず、尊厳を傷つけないよう冷静に対処します。洋服を着替えてもらい、手や体を綺麗にします（とくに爪の間を綺麗にする。消毒も行う）。可能であればシャワーを浴びることで体もスッキリします。

　口の中に排泄物があったら、手で取れる物は取り出し、スワブや歯磨き、うがいなどで口の中を綺麗にします。歯がある人、入れ歯の人の口に手を入れると、噛まれてしまうこともあるので、手袋を使用します。

　布団や壁などを綺麗にし、環境を整えます。周りのにおいにも注意が必要です。

放尿・放便

1. 放尿・放便の捉え方

　トイレ以外の場所（廊下、部屋など）で排泄してしまうことを放尿・放便といいます。

　放尿・放便にはいろいろな理由が考えられます。単純にトイレの場所がわからないということもありますが、トイレを見てもトイレ

だと認識できない（今まで使用してきたものと違う、洋式トイレを使ったことがない、男性の場合、小便器を探している、座って排尿したことがない、ごみ箱をトイレだと思い込んでいるなど）ということもあります。またトイレの使い方、排泄の手順がわからないこともあります。認知症を患う人は、多くの場合、トイレの場所を聞いたり、助けを求めることができず、尿意・便意をうまく言葉で伝えられません。認知機能低下が進むと社会生活を営むうえで必要な配慮ができなくなり、ところかまわず排泄してしまうこともあります。もちろん身体的理由により排尿の調節がうまくいかなくなり、トイレでの排泄に間に合わず、ついトイレ以外の場所でしてしまうということもあるかもしれません。

2. 放尿・放便をしないための環境作り

　患者さんの排泄のパターンの把握と排尿・排便のサイン（ソワソワ、立ち上がりが頻回、何かしらの訴えが多くなるなど、落ち着きがなくなる）を読み取り、素早く対応することが必要です。排泄時間が長くあいていたら「お手洗い行きませんか？」などと声をかけます（患者さんによって、声のかけ方を変えるなどの工夫をする）。声をかけることで、そのときすぐにトイレに行かなくても、「トイレに行こうかな」という気持ちになるきっかけ作りとなります。

① 行動パターン

　その人の行動パターンを知ることが大切ですが、こちらからパターン（流れ）を作り、それを習慣化してしまうのも方法の一つです。たとえば、散歩をし、その後にトイレに行くよう促します（「ここにトイレありますよ。寄って行きましょうか」などと気分を良く

してからトイレへ誘導する)。

② 目印

　理解度、ADL、老化の程度に合わせ、トイレの場所をわかりやすくし、環境を整えます(文字・絵による提示、床に目印を貼る・描く、寒くない・騒がしくない配慮や清潔感を保つ、においの除去、個人用の簡易トイレ・尿器の活用など)。

3. 放尿・放便してしまったときの関わり方

　トイレ以外の場所で排泄した場合、排泄したことを責めたりせず、速やかに処理します。また他の患者さんに気づかれないように大きな声を出さずに対応すること、環境(汚れ・においの処理)をしっかり整えること、周りへの配慮(他の患者さんに不快な思いをさせない)が大切になります。

　そのほか、放尿・放便のリスクとして、排泄物で滑り、転倒することが考えられます。また、排泄物を片付けよう、どうにかしようとして、排泄物を触るという行為にもつながります。

かきむしり

1. かきむしりの捉え方

　皮膚が乾燥する高齢者に多く、または皮膚が不潔なことにより起こしてしまう行動です。認知機能が低下していることで、かゆみに対して適切な行動がとれません。かきむしりをやめることができずに皮膚状態が悪化するという悪循環に陥ります。

　かゆみは、イライラしたり落ち着かなくなったり、不眠や生活リ

ズムの乱れを引き起こし、生活に様々な支障を起こします。かゆみの症状があるときは、原因を探り、早めに対応する必要があります。普段から皮膚を清潔に保つことが大切です。

　原因は、老化による皮脂の分泌低下によって皮膚が乾燥し、かゆみが起こり、また遅い就寝や運動不足・ストレス（環境の変化）などから自律神経のアンバランスによってかゆみを引き起こすともいわれています。ほかにも食品・薬品・金属アレルギー、衣類の締め付けや下着の刺激（タグ、縫い目、ボタン、金具など）、内科疾患（肝臓病、糖尿病）から来るかゆみもあります。

2.　かきむしりの対策

　原因を探り、取り除くことが対策となります。

ポイント

- 保湿する（保湿剤・軟膏の塗布）
- 刺激の少ない肌着・服の着用（ナイロン素材は避ける）
- ゆったりとした肌着の着用
- こまめに爪切り
- 湿度の調整（50 〜 60％）
- 入浴時は刺激の少ない石鹸の使用（弱酸性）
- 柔らかいタオルや刺激の少ないタオルを使用する。ごしごし洗わない。入浴後はこすらず、しっかり水分を拭き取り、素早く保湿剤をつける
- こまめに水分補給（脱水予防）
- 薬を塗ってもかゆみの訴えが収まらないときは、患部を少し冷やしたり、軽くたたいたり、肌着の上からなでたりさすったりすることで落ち着く場合がある

- 内服薬の服用（医師に相談）
- アレルギーに対しては、医師に相談しアレルギー物質が何か特定
  し、治療する

帰宅願望

1. 帰宅願望の捉え方

　帰宅したいという希望はふつうの感情であり、良いものでも悪い
ものでもありません。しかし一般的な入院と違い、認知症が原因で
入院している人にとっては、本人の希望で退院するのは難しいこと
です。認知症が原因による入院は、長期的になります。また、入院
をしていることの認識も薄いため、スタッフの対応如何にかかわら
ず、イライラが強くなったり、不信感につながったりすることがあ
ります。スタッフ側でも、本人の希望がかなえられないということ
があらかじめわかっており、どうしても気をそらすような対応が多
くなり、根競べのような関係が多くなってしまうのです。要求の強
さの割に帰りたい家がはっきりしないことも多く（自分の生まれた
ところに帰ると言っていることもある）、広い意味での対応として
は、安心できる環境を整えていくということが大切といえます。

　その場の対応の基本は、なぜ帰りたくなったのか本人に聞くこと
です。理由を伝えてもらえれば、その気持ちに配慮した関わりを持
つことで少しは安心してもらえるかもしれません。しかし理由を聞
いてもうまく伝えられなかったり、本当の理由とは違うことを答え
たりする可能性もあります。また認知症の有無にかかわらず、夕方
や夜になれば自分の家に帰ろうと思うことは自然であり、そこに理
由がないことも多いのです。さらに認知機能障害により今いる場

所、時間がわからないなどの混乱があれば心配になり、帰りたいと思うことも増えてくるでしょう。

　帰りたくなる直接の原因として考えられるのは、不安や不快、不満です。たとえば、失禁してだんだん不快になり、ここに居たくなくなる、周りがうるさくて不快になり居たくなくなる、嫌なことを言われた・されたからここに居たくない、なじみの顔がないから帰りたいなど理由は様々ですが、共通しているのは「ここに居たくない」というものです。

2. 帰宅願望が強くならないようにするための環境作り

　不安や不快、不満からくる帰宅願望に対しては、その原因へのアプローチをしないと落ち着くことは難しく、原因を取り除いた後で安心できるような関わりを持ちます。

　とくに、ここに居たいと思ってもらえるような関わりを持つことが大切です。安心できることが一番なのですが、「仕方がないからここに居てもよい」と思ってもらえることも、時に必要となります（一種のあきらめ）。「帰りたい」と訴え続ける人に「帰れません」と繰り返すよりも、一度外を見て「暗くなったから今日は無理だ」と思ってもらえるほうが不快な気持ちにならず、一時的でも帰りたいという思いが消えるかもしれません。毎回「帰れません」とだけ伝えるのでは、余計にイライラして他のBPSDが出てしまうこともあります。

　帰れないのだけれど、この人は話を聞いてくれる人だと思ってもらうことが大切なのです。普段落ち着いているときから関わりを多く持ち、顔なじみになっておくと、いざ落ち着かない状況になっても対応がしやすくなることが多いようです。

3. 帰宅願望をする患者さんへの関わり方

　この患者さんは話をじっと聞いて安心できるまで付き添う、この患者さんはいったん外に行き「暗くなったので帰れないのは仕方ない」と思ってもらう、この患者さんは話をそらして会話を誘導し、楽しい気分になってもらうなど、個々に応じた対応が必要です。

　ここで大切なのは、ケアの方向性を統一することです。その都度いろいろなスタッフが全く違う対応をしていると、患者さんは一体どうしたらよいのか混乱してしまい逆効果です。

ポイント

- 可能な限り対応する
- 外へ行く
- 一緒に帰り道を探す
- 電話をかける
- 理由を探り原因を取り除く（失禁への対応、空腹への対応、環境のセッティング（人、物、音））
- 相談に乗る、話を聞く
- ゆっくり聞きますという態度でスタッフが聞く（お茶やお菓子を出す）
- 他職種と連携をとり対応する（白衣以外だと効果的な場合もある）
- 話をそらす
- 関心のあることを一緒に行う
- 関心のある物を見せ会話する（人形、ぬいぐるみなど）
- ある種のあきらめをもってもらう
- 活動による疲労（体や足がうまく動かないからもう少し居ようと思ってもらう）

- お願いしてあきらめてもらう（なじみの関係が必要）
- 自分の居場所だと思ってもらえる環境、雰囲気作り
- 役割作り（レクリエーションの中での役割、毎日同じ時間に作業を頼むなど）

介護拒否

1. 介護拒否の捉え方

　介護拒否とは、ケアを嫌がる・ケアを拒むことです。しかし、そもそも介護拒否とは、スタッフ側の捉え方であり、嫌なこと、不快なことをされたら誰でも嫌がり、拒むのは当然だと考えます。ケアを嫌がるのは、何らかの理由があります。もちろん、その日の調子や気分が関係していることもありますが、「この人はいつも嫌がる」と決めつけず、認知症を患っている人を理解しようとする姿勢があるのかどうか、自らのケアを振り返る必要があります。なぜ嫌がるのかその理由を考え、改善することで拒否を少なくすることができます。

　患者さん自体の理由であることもあります。認知症が高度で理解力が低下しているものの羞恥心などは強く残っている場合など、自分でできるという思いや、人に迷惑をかけたくないという思いから強く介護拒否される人もいらっしゃいます。身体疾患の悪化から全身状態が悪くなり、様々な精神症状が出て介護拒否につながることもあります。このような場合、どのように介護してもうまくいかないということもあります。あきらめず様々な工夫をする、タイミングを見計らいアプローチをする、スタッフ同士で情報を共有し協力してケアを行うなどしても、結果としてうまくいかないこともあり

ます。そのような場合は、まさに介護拒否自体をBPSDと捉えることができます。これは不適切ケアが原因ではありませんが、このような事態では不適切ケアにつながりやすくなりますので、注意が必要です。

2. 介護拒否をしないための環境作り

まずは、介助者は患者さんにとって環境の一部であることを理解することです。私たち自身が患者さんに合わせて変化することが必要なのです。そのためには、患者さんの病気、ADLの程度、性格などを十分に知る必要があります。

顔なじみの関係（好かれなくても嫌われない関係）、信頼関係も大事でしょう。患者さんの了解を得て患者さんのペースでケアを行うことも大事になります。自分のケア・声のかけ方は、その人にとってどんな思いをさせているのか、どう感じるのか。ちゃんとできているつもりでも、不快な思いをさせているかもしれません。他のスタッフに自分のケアを見てもらうことなども大事です。

ポイント

- 患者さん個人のアセスメントを行い、どんな対応が良いのか、悪いのか、情報の共有、統一したケア・声かけを行う。
- 一度嫌がられたからといって、あきらめない。タイミングを見て関わる。一度ダメなら時間をおいて関わる。スタッフを替える。対応の仕方を変える。
- しつこくしない。
- 他人に自分のことをされるのが嫌な人は、できる限り自分でできることをしていただくようにアプローチする。その人に合わせたケアをする。

- 対応の上手なスタッフのまねをする。
- スタッフ同士が注意し合う。
- 声のかけ方、声のトーンはどうか振り返る。
- 対応中の態度・姿勢。偉そうではないか。目上の人だと思って接しているか。冷たい態度ではないか。

【注意として】

　手を出される・暴れるといった行動でスタッフがけがをしたり、防ごうとして無理やり抑えてけがをさせてしまう、ということも考えられます。患者さんもスタッフもお互いにけがをしないように注意しましょう。

第4章

認知症ケア総論

認知症をどう捉えるか

認知症の人と関わるための指針

認知症をどう捉えるか

　認知症ケアについて考えるとき、対象となる認知症についてどのように捉えるのかが重要です。認知症は、どのように捉えることができるのでしょうか。これまで認知症の人と接したことがあれば、その人を通して具体的なイメージがあると思います。これらは多くの場合、認知症の一側面をリアルに表しています。そこから得られる感覚を大事にすることなくして認知症の理解はありえないでしょう。しかし個別の体験をそのまま一般化することはできません。そこで、認知症を様々な面から冷静に、客観的に捉えることも必要になります。ここでは、「病気の側面」「老いの側面」「社会的な側面」の3つの側面から考えてみましょう。

1. 病気の側面

　認知症は、病気によって脳がうまく働かなくなっている状態ともいえます。病気の側面からの理解ができていないと、認知症の人の理解は困難となります。認知症の原因となる病気は、頻度の少ないものも含めると数十にも及び、多くが進行性で治りません。頻度の多い代表的な病気について簡単に見てみましょう。

① アルツハイマー型認知症

　脳の神経細胞が、広範囲に少しずつ壊れていく病気です。アセチルコリンという神経伝達物質が減少し、神経細胞の働きが弱まります。とくに側頭葉の内側と頭頂葉の変化が大きく、萎縮が目立ちます。側頭葉の内側は記憶をつかさどる部位であるため物忘れが、頭頂葉は空間認知をつかさどる部位であるため自分がいる場所がわか

認知症や認知症様症状をきたす主な疾患・病態

1. **中枢神経変性疾患**
   アルツハイマー型認知症
   前頭側頭型認知症
   レビー小体型認知症／パーキンソン病
   進行性核上性麻痺
   大脳皮質基底核変性症
   ハンチントン病
   嗜銀顆粒性認知症
   神経原線維変化型老年期認知症
   その他
2. **血管性認知症 (VaD)**
   多発梗塞性認知症
   戦略的な部位の単一病変によるVaD
   小血管病変性認知症
   低灌流性VaD
   脳出血性VaD
   慢性硬膜下血腫
   その他
3. **脳腫瘍**
   原発性脳腫瘍
   転移性脳腫瘍
   癌性髄膜症
4. **正常圧水頭症**
5. **頭部外傷**
6. **無酸素性あるいは低酸素性脳症**
7. **神経感染症**
   急性ウイルス性脳炎（単純ヘルペス脳炎、日本脳炎など）
   HIV 感染症(AIDS)
   クロイツフェルト・ヤコブ病
   亜急性硬化性全脳炎・亜急性風疹全脳炎
   進行麻痺（神経梅毒）
   急性化膿性髄膜炎
   亜急性・慢性髄膜炎（結核、真菌性）
   脳膿瘍
   脳寄生虫
   その他
8. **臓器不全および関連疾患**
   腎不全、透析脳症
   肝不全、門脈肝静脈シャント
   慢性心不全
   慢性呼吸不全
   その他
9. **内分泌機能異常症および関連疾患**
   甲状腺機能低下症

   下垂体機能低下症
   副腎皮質機能低下症
   副甲状腺機能亢進または低下症
   クッシング症候群
   反復性低血糖
   その他
10. **欠乏性疾患、中毒性疾患、代謝性疾患**
    アルコール依存症
    マルキアファーヴァ・ビニャミ病
    一酸化炭素中毒
    ビタミンB_1欠乏症（ウェルニッケ・コルサコフ症候群）
    ビタミンB_{12}欠乏症、ビタミンD欠乏症、葉酸欠乏症
    ナイアシン欠乏症（ペラグラ）
    薬物中毒
    A）抗癌薬（5-FU、メトトレキサート、シタラビンなど）
    B）向精神薬（ベンゾジアゼピン系抗うつ薬、抗精神病薬など）
    C）抗菌薬
    D）抗痙攣薬
    金属中毒（水銀、マンガン、鉛など）
    ウィルソン病
    遅発性尿素サイクル酵素欠損症
    その他
11. **脱髄疾患などの自己免疫性疾患**
    多発性硬化症
    急性散在性脳脊髄炎
    ベーチェット病
    シェーグレン症候群
    その他
12. **蓄積症**
    遅発性スフィンゴリピド症
    副腎皮質ジストロフィー
    脳腱黄色腫症
    神経細胞内セロイドリポフスチン［沈着］症
    糖尿病
    その他
13. **その他**
    ミトコンドリア脳筋症
    進行性筋ジストロフィー
    ファール病
    その他

認知症疾患診療ガイドライン2017、p7（監修：日本神経学会、発行：医学書院）より

らなくなってしまいます。場所がわからなくなってくると、居場所を求めて徘徊することもあります。

② 脳血管性認知症

　脳卒中などにより脳の血管が壊れ、その結果一部の脳の神経細胞が壊れるために起こる病気です。症状は段階的に進みます。脳血管障害の場所により症状は異なります。よく見られるものとして運動機能の低下、感情障害などがあります。たとえば、脳梗塞を起こした場所が右手をつかさどる部位を含んでいれば、右手の利きが悪くなります。このことは食事や排泄に影響を及ぼし、また不安や抑うつを強めたり、怒りっぽくしたりします。また脳梗塞の場所が感情のコントロールに関わる前頭葉を含んでいれば、過度に感情を表す感情失禁などが見られるようになります。

③ レビー小体型認知症

　アルツハイマー型認知症と同様、脳の神経細胞が少しずつ壊れていく病気です。もともとパーキンソン病に特徴的に見られるレビー小体という蛋白質のかたまりが、大脳皮質や脳幹にできます。この病理所見が認められた一群の人たちに、認知機能の低下と共に、特徴的な症状が見られたことから命名されました。特徴的症状とは幻視、歩行障害、睡眠障害、注意覚醒レベルの変動などです。また薬剤に対する感受性が高く、向精神薬などの薬を通常量内服したりすると、かえって症状が悪化するといわれています。初期には物忘れは目立ちませんが、いろいろな点で不安定な病気です。

④ 前頭側頭型認知症

　もともとピック病といわれていたものを含めた疾患です。アルツハイマー型認知症と同様に、脳細胞が原因不明に少しずつ壊れていく病気ですが、とくに前頭葉、側頭葉が侵されます。症状は、病識の欠如や自発性の欠如があるほか、脳の他部位からの情報を抑制的に処理する機能が低下するため、理性的にふるまうことができなくなり、反射的、短絡的な行為が目立つようになります。時には盗みなど反社会的な行動が見られることもあります。また常同的（同じ姿勢や言動を長時間繰り返す）、反復的な行動や言葉づかいが見られるようになることも特徴です。側頭葉の機能低下が前面に出ると失語の症状が目立つこともあり、現在、病気の新たな分類が細かくなされています。

　認知症とひとことで言っても、異なる病気があり、症状も随分違います。病気によって進行の仕方も変わりますし、治療の仕方も変わります。認知症の人を正しく理解するためには、認知症の中でもどのような病気で、発症してからどのくらいたっているのか、という視点が欠かせません。

2.　老いの側面

　認知症は、一度獲得した知的な能力が衰える病気です。発症する人の多くは高齢で、成人してから認知症を発症するまでは、社会の中で私たちと同様に生きてきた人たちです。つまり、認知症の背後には、その人の人生における数十年以上の歴史が存在しています。自立して生活できた人が、老化の過程で様々な能力を低下させていく、ある意味自然な流れの中のできごととも考えられます。過去と

未来に目を向けることで認知症の理解、さらにその人の理解が深まります。

① その人の歴史

　生まれてから今までの長い年月をどのように成長し、社会生活を営んできたのでしょうか。どこで、どんな家族に囲まれ、どのような教育を受け、仕事は何をしていたのでしょうか。認知症の症状には、その人の生きてきた歴史が、時代のありようと共に色濃く反映されています。

② 人生の最終段階

　老いという側面から考えるとき、どうしても死が視野に入ってきます。認知症の人は、一見身体的には何の問題もないように見えても、些細な体調不良から一気に全身状態が悪化して、亡くなってしまうこともありえます。認知症を老いの側面から見るとき、常に死と隣り合わせの状態であることを意識する必要があります。

　たとえばアルツハイマー型認知症の患者さんとひとくちに言っても、様々な症状、問題行動がありえます。病気の特徴からパターン化した症状の解釈は可能かもしれませんが、現実に出てくる問題は、その人の人生に裏打ちされたその人独自の意味のあるものなのです。そしてその最期も同様です。

3. 社会的側面

　社会生活を営むうえでいろいろな約束事があります。その約束事を理解できず、果たせなくなっているのが、認知症の人たちです。

そのため程度の差はあれ、周りからの援助が必要となります。しかし認知症の人たちは、援助を受けること自体容易ではなく、個々の疾患の治療や家族、親類の援助だけでは解決できなくなっています。社会的な視点からと個別の視点から考えてみましょう。

① 社会的な視点から

　少子高齢化、核家族化が進み、独居老人が激増しています。高度の認知機能低下のある人ばかりでなく、少し注意していれば何とか生活を維持していける人たちも生活しづらくなってきています。このような中、家族一人ひとりができることも、限界に達しつつあると思われます。一方で、地域コミュニティーにも多くを期待できないのが現状です。介護保険に基づく様々な在宅サービス、施設サービスの充実が期待されるところです。

② 個別の視点から

　同じような重症度の認知症の人たちであっても、周囲の接し方で全く異なる状態が作り出されます。認知症が軽度であっても、周囲の理解が全くなければ、不安から問題行動につながる場合もあります。反対に認知症が重度でも、周囲が適切な理解に基づきケアをしていれば、安心して穏やかに生活できる場合もあります。このように考えてくると、あらためて家族の存在の大きさを感じずにはいられません。家族とのこれまでの関係性、家族の理解度、家族の余裕などが、認知症の人たちのケアのあり方を決める要素といってよいと思います。

　認知症の人たちにとって、家族は決定的な意味を持ちます。しか

し現代社会は、その家族に余裕がなくなっている状況にあります。このような状況において、多摩平の森の病院のような認知症対応病院が不要とされることは当分ないでしょう。わたしたちが認知症の人たちと関わるときは、家族同様その人の生活の質から人生の質にまで直接的に影響を与えてしまうことを忘れてはいけないのです。

4. まとめ

　以上「病気」「老い」「社会的」の3つの側面から認知症について考えてみました。認知症の人たちのケアにあたっては、病気だけでなく、周りの人々について、その人が歩んできた人生について関心を持つ必要があります。

　認知症の人を理解しようとするとき、以下の点について確認してみましょう。

- 病名は？　発症からどのくらいたっているでしょうか？
- 本人はどのような人生を歩んできたのでしょうか？　そしてどのように人生を終えるのがふさわしいのでしょうか？
- 家族はどのような人でしょうか？　配偶者は？　子供は？　兄弟は？
- 家族は認知症をどのように理解しているのでしょうか？
- 家族は本人のことをどのように思っているのでしょうか？　どの程度支援できるのでしょうか？

認知症の人と関わるための指針

　認知症の人をケアするにあたっては、個別ケアの大切さが、しばしば指摘されます。病気の側面だけでなく、老いの側面や社会的な

側面を考慮する必要があり、認知症とひとことで言ってもケアの仕方は、その人その人に合わせたものでなくてはならないからです。

　しかし個別ケアが大切だからといって、全くばらばらのケアをしているのかといえば、それも違います。端的にいえば、様々なことができなくなってくる認知症の人の生活を支え、病気について理解し、悪化を防ぐように介入していくということになります。認知症の人と関わるとき、とくにうまくケアができないとき、何を指針にして、どのように対応するのがよいのでしょうか。ここでは「生活の維持と充実について」「治療について」「患者さんとの関わりに行き詰まったら」の3つの面から考えてみます。

1. 生活の維持と充実について

　認知症を患うと、認知機能低下からADL（日常生活動作能力）が低下し、一人で生活を維持することができなくなります。そのため、まず私たちに求められるのは、一人で維持できなくなった生活を支えることです。ケアの放棄は生活の破綻、時には死に直結します。このことを厳然たる事実として理解しておく必要があります。認知症の人の生活を支えるとは、どのようなことなのでしょうか。以下の3つの次元で考えてみましょう。

① 生命の維持と安全性

　認知症の人は、一見身体的には問題がなくても、様々なリスクを抱えています。注意力の低下により、転倒・転落をはじめとして、けがをしやすくなっています。また、排泄の失敗や口腔ケア、入浴の拒否などが続けば、様々な感染の危険性が増加します。これらの観点を頭に入れ、適切なケアを行うことが求められます。5つの基

本的ケアやBPSDに対する対処は、このような観点から捉えることができます。生活の維持、充実を図るためには、身体的な安全性が不可欠といえます。

② 生活の快適さ

日常生活の観点から考えるとどうでしょう。認知症の人は、環境に大きく左右されます。そして、施設においてその環境を作っていくのはスタッフです。スタッフの対応ひとつで、それまで落ち着かなかった人が、うそのように落ち着いたという例も多く見られます。移動、食事、排泄、更衣、入浴などの日常どうしても行わなければならない活動がスムーズに行えるように援助し、基本的に日中活動し夜間しっかり眠るというリズムを作っていくことが重要です。これはまさに5つの基本的ケアや、認知症の人たちとのコミュニケーションなどによってなしうることといえます。

③ 安全性と快適さの先

安全性と生活の快適さは、きわめて大事ですが、それだけで生活の充実が図れるものではありません。一人ひとりが人生の最終段階をどのように過ごしたいと望んでいるのか、そもそもこの人はどのような人なのだろうか、という視点を持つ必要があります。

認知症の人が「私はこのように過ごしたい」「私はこのような人間だ」などと言ってくれることはまずありません。ご家族からの情報や日々のケアの中で直接感じとったこと、また他のスタッフの話などから、その人の理解を深めていくことになります。スタッフのこのようなアプローチが、その人が生きたということを実感させ、生活の充実、ひいてはその人らしい生活の実現を可能にしていくの

ではないでしょうか。

2. 治療について

　理性的判断が困難になっている認知症の人に対しての治療は、かなり制限されることは確かです。治療の意義が理解できず、とくに侵襲的なものに対しては時に強く抵抗し、安全に治療を行うことが難しいこともしばしばです。それでは認知症の人たちへの医療的なアプローチは不要なのでしょうか。認知症に病気の側面がある以上そのようなことはありません。認知症の原因疾患と重症度を判定し非薬物療法、薬物療法を並行して行っていく必要があります。また合併している様々な病気に対しても、適切な治療を行っていく必要があります。

① 非薬物療法

　認知症についての理解のもと、日常生活を援助するすべての行為が含まれます。ふつう非薬物療法というと、音楽活動や園芸活動、回想法などの、認知症の人たちの生活に張りや潤いをもたらすものを指します。しかし施設、病院のような生活空間では、そのような非薬物療法だけではなく、患者さん同士のなじみの関係や、日常生活上の何気ないスタッフとの会話にも大きな治療効果があるといえます。またADLの援助や問題行動への対応を通して作られるスタッフとの関係性も、認知症の人の状態を安定させる重要な要素であるといえます。

② 薬物療法

　認知症の薬物療法には、抗認知症薬による認知症そのものの進行

を遅らせるための治療と、向精神薬による精神症状の緩和や問題行動の軽減を期待する治療とがあります。精神、神経系に働く薬物には様々な作用があります。認知症の進行が遅くなったり、精神症状が緩和されたりすることが達成されれば、薬物の作用が十分効果を発揮したということになります。しかしそのような場合でも、それを上回る作用、たとえば過剰な鎮静（ずっと眠ってしまう）、身体の硬直（関節の動きがぎこちなくなり動作がスムーズにできなくなる）、嚥下不良（飲み込みが悪くなる）、筋弛緩（筋肉に力が入らなくなる）などが出てくることがあります。高齢者は代謝が衰えているため、少量の薬物で予想を超えた作用が現れることがあり、注意が必要です。

③ 合併症の治療

　認知症の治療にあたっては、認知症そのものの治療が重要なことはいうまでもありません。しかし同じぐらい重要であるのが、合併症の治療です。合併症とひとことで言っても様々です。インフルエンザウイルスやノロウイルスによる感染症、糖尿病、高血圧などの慢性疾患、慢性心不全、慢性呼吸不全などの重要臓器の基礎疾患、脳血管障害後遺症や骨折後後遺症などのリハビリテーションを要する状態などがまず思い浮かびます。

　それだけではありません。誤嚥性肺炎、尿路感染症による排尿障害、皮膚感染症、褥瘡、便秘症など、日常生活上のケアでかなりの部分を防ぐことができるものもあります。そのほか、視力障害、聴覚障害、味覚障害などの感覚障害、めまい、しびれ、嘔気、嘔吐、頭痛、胸痛、腹痛をはじめとして様々な痛みにもしばしば遭遇します。これらの合併症は程度の差はあれ、認知症の人の精神症状に悪

影響を及ぼします。これらの合併症一つひとつに対してきめの細か
な対応を行うことが重要です。

3. 患者さんとの関わりに行き詰まったら

　一人で生活できなくなっている認知症の人に生活の援助や医療的
介入を行っていくことの意義は、誰もが理解できると思います。し
かし、時に、この当たり前のことができにくくなることがあります。
様々なケアの工夫をしても、目に見える形での成果がまったく上が
らないときや、時間と労力と多大な精神的エネルギーをかけたにも
かかわらず、患者さんに激しく抵抗され、暴力を振るわれたときな
どです。

　このようなとき、ふつうの感情として、「こんなひどいことをす
る人のお世話をなぜやらなければならないのだろう」「なるべく関
わらないでいよう」といった思いに駆られるかもしれません。感情
としてそのような思いを持ってしまうことは、仕方のないことで
す。しかし、専門的に認知症ケアを行う私たちは、認知症について
の理解のうえにどのように関わっていくのがよいのか考え、実践し
ていく必要があります。

① 患者さんの真意をくみ取ろうと努力する

　患者さんがケアの拒否をする場合、いま一度その真意を考え、想
像してみる必要があります。認知機能が低下し、不安や不満、混乱
がある中で、いったいどのような心境なのか、このことを十分理解
することは容易ではありません。正確にいえば不可能かもしれませ
ん。しかし、少しでも理解しようとする必要があるのです。たとえ
ば、多くの認知症の人たちが入院されている多摩平の森の病院の

ホームページには、病院の理念が掲げられていて、その初めには「患者さんの尊厳をなによりもまず第一に考えます」と書かれています。「尊厳を第一に考える」ということは「その人の身になって、その人を大事にしようとし続けること」と言い換えられるかもしれません。

② それでもうまくいかないときは

　しかしそれでも患者さんとうまく関われない状態が続くことがあります。「いま一度真意をくみ取る努力をしなさい、と言われます。様々な形でアプローチを行っています。ケアの工夫もしています。それでもうまくいきません。どう考え、どう行動したらよいのでしょう？」。働くスタッフからは、このような声が聞こえてきそうです。

　このような場合どうすればよいのでしょう。考えが足りない、患者さんの理解が足りない、ケアの技術が足りない、と反省することも大事ですが、時には認知症ケアとはそういうものだ、うまくいかないこともよくある、と割り切ることが必要な場合もあります。そして時間をおいて、気分を変えてから、もう一度自分の考えを実践していくのです。

③ 日常生活をトータルで考える

　認知症の人を施設でみていく場合、一人のスタッフだけで支えることは不可能です。当然チームで関わっていく必要があります。ケアの失敗が続く場合でも一喜一憂せず、状況をなるべく正確にチーム内で共有することが大切です。ある場面でケアの失敗が続いていても、他の場面ではケアがうまくいっているかもしれません。

　自分がうまくできていなくても、他のスタッフはできているかもしれません。ある場面でのケアがうまくいかないと、すべてがうまくいっていないように感じてしまうかもしれません。しかし自分が行う個々のケアの結果にあまりこだわらず、チームとしていろいろな見方を許容し、その患者さんの日常生活全体を通して評価していくことが大切です。

まとめ

　以上「生活の維持と充実について」「治療について」「患者さんとの関わりに行き詰まったら」の3つの面から、認知症の人に何を指針にどのように対応するのがよいのか考えてみました。認知症という病気のため、自分自身で生活を維持できなくなっている人に対し、尊厳を守ることを大切にしながら、チームでケア、医療を行っていくのです。

　認知症の人にどのように対応すればよいのか、よくわからなくなったとき、以下の点についてもう一度確認してみましょう。

✓ 実際に認知症の人のケア、医療は十分に行われているでしょうか？

✓ 解決できない認知症の人の問題行動について、周りの人と話し合っているでしょうか？

✓ 個々のケアにこだわりすぎず、日常生活全体を通してその人を大事にみているでしょうか？

抗精神病薬・睡眠導入剤・抗認知症薬について

　認知症を患う人たちは、まわりから見ると「問題だ」と思われる行動をよくとります。これらの行動には原因があり、原因を取り除くケアを行えば、その行動がなくなることもあります。しかし認知機能低下から状況を把握することができず、勘違いをしておかしな行動をしたり、今までできたことができなくなり、その不安から落ち着かなくなったりすることはなかなか治まりません。このような場合、基本的には生活環境を整え、本人の勘違いや不安をまるごと受け止め、安心していただくことが大切です。しかし、本人の過度な興奮を落ち着かせ、病棟での集団生活を成り立たせるため抗精神病薬を使用することもあります。

　抗精神病薬に対しては様々な考え方があります。内服すると人格が変わってしまうような怖い薬ととらえる人もいるかもしれません。確かに過剰な投与で覚醒レベルが低下してしまい、たまに会いに来た家族がびっくりするほど変わってしまうこともあります。しかしその人に適した薬と、使用する量がみつかると、覚醒レベルは悪くならず、余計な行動によるトラブルが減り、その人と大変付き合いやすくなることもあります。大事なことは、副作用について医師はもちろん看護師、ケアスタッフも理解して、24時間観察、モニタリングをしていくことです。そして薬の種類、量を調整し、必要がなくなったら減量中止としていくことです。以下、薬を4つのグループに分けて簡単に説明します。

① 統合失調症の人たちへの薬

　古典的な定型抗精神病薬ハロペリドール（セレネース®）、クロルプロマジン（コントミン®）に代わり、非定型抗精神病薬といわれる新しい薬のリスペリドン（リスパダール®）やクエチアピン（セロクエル®）などが世に出て30年程度が過ぎました。これらの多くは統合失調症の幻覚、妄想、興奮といった陽性症状を緩和するものです。認知症高齢者の同様の症状に少量投与すると効果が得られることがあります。しかし、注意すべき副作用として、筋肉の動きがぎこちなくなる薬剤性パーキンソニズムは定型の薬に比べ少なくなっていると言われていますが、無視できません。認知症の高齢者はもともと足腰が弱っており、また食事を飲み込む力も弱っています。このような薬を少量飲んだだけでふらつきが強くなり転倒してしまったり、うまく飲み込めず誤嚥性肺炎となってしまったりすることがあり要注意です。これらの副作用に対して抗パーキンソン薬の投与を行うことには慎重であるべきです。抗パーキンソン薬自体に様々な副作用があるからです。

　余談ですが、昔からある定型抗精神病薬であるスルピリド（ドグマチール®など）の少量投与（10〜50mg/日）で性格が穏やかになることを経験しています。効果判定には最低2週間ぐらいかかりますが、副作用に注意しつつ試してみる価値はあると思います。

＊薬剤名は、「一般名（商品名®）」と表記しています。

② てんかんの人たちへの薬

　痙攣発作を繰り返すてんかんの患者さんに、痙攣の予防で抗てんかん薬を内服していただくことがあります。バルプロ酸ナトリウム（デパケン®）、カルバマゼピン（テグレトール®）といった薬です。これらの薬には気分を安定化する作用があるため、てんかんがなくても、執拗さを持っていたり易怒的（怒りやすい）であったりする認知症の人に内服していただくことがあります。眠気やふらつき、また内科的な副作用（肝機能障害や貧血など）に注意が必要です。アルツハイマー型認知症が進行してくると、そのことで痙攣発作が起きることがあります。もちろんそのときにも使用します。

③ 睡眠導入剤

　ラメルテオン（ロゼレム®）やスボレキサント（ベルソムラ®）などの新しい睡眠導入剤や、トラゾドン（レスリン®）、ミアンセリン（テトラミド®）などの抗うつ剤を使用することが多くなっています。これらは、これまで使われてきたベンゾジアゼピン系の薬であるブロチゾラム（レンドルミン®）、フルニトラゼパム（サイレース®）、抗不安薬に分類されていますが使われることがあるエチゾラム（デパス®）、ジアゼパム（セルシン®）などと比べ、依存性や筋弛緩作用によるふらつき、また夜間せん妄が起きにくいといわれています。抗うつ剤が使われるのは、気分を持ち上げる作用が弱く、副作用である眠気が強いため、少量の内服で良眠が得られることがあるからです。

④ 認知症の進行を遅らせる薬

　現在4種類の薬が使用できます。認知症を治す薬ではなく、進行を遅らせる薬です。大きくドネペジル（アリセプト®）、ガランタミン（レミニール®）、リバスチグミン（リバスタッチ®）と、メマンチン（メマリー®）に大別されます。それぞれの薬に特有の副作用がありますが、副作用がある場合には他の薬に変更していくことになります。ただし、ドネペジルのグループは総じて活動性を高める作用があります。ボーッとした感じで、もともと穏やかな人であれば少し活発になり，良いこともありますが、もともとバイタリティがあり活動的に生活してきた人などは活発になりすぎ、興奮しやすくなったり怒りっぽくなったりすることがあります。このような場合は、メマンチンに変更することになります。メマンチンの副作用は、眠気やめまいといったものが主で、多くの場合、活動性を落ち着かせる方向に働きます。しかし、少数ながら興奮して攻撃的になる人もおり、注意が必要です。他の薬剤と同様、副作用の観察とモニタリングが欠かせません。

第5章

認知症対応施設での
ケアの特徴

注意すべき視点

具体的な重要事項

場の持つ意義

自宅での生活が困難になった認知症の人が多数集まっている施設や病院では、認知症を患う一人ひとりについて理解しケアをする必要があるのに加え、フロア全体を把握しケアしていくことが求められます。身体拘束を行わず、多数の認知症の人たちを限られたスタッフで安全にみていこうとするとき、その場にいるスタッフが全体を把握したうえで的確な判断をすることが必要です。以下、施設での認知症ケアについての考え方を「注意すべき視点」「具体的な重要事項」「場の持つ意義」という3つの面からみていきましょう。

注意すべき視点

　認知症対応の病院や施設では、一般的にいわれている「その人に合わせたケア」とは異なる視点がしばしば必要になります。注意力が低下して転倒の危険がきわめて大きい人が複数いる場合、その安全性を維持するためには、時に、一般的な認知症ケアの考え方とは矛盾する視点も持ってケアにあたらなければなりません。

1. 個別ケアと安全性

　認知症の人たちを少ない人数で身体拘束をせずに安全性を最大限守っていくためには、その時々での危険を見積もり、優先順位をつけてケアをしていくことが必要です。スタッフの都合に合わせてケアするというのは許されませんが、個々の認知症の人のペースに合わせたケアよりも、フロア全体の安全性や落ち着きを重視したケアが行われなければいけないことがあります。

2.　プライバシーと安全性

　認知症の人たちを少ない人数で、身体拘束をせずに安全性を最大限守っていくためには、見守りを効率的に行っていく必要があります。それには多くの患者さんにフロアに来ていただき、見守りを行います。また夜勤帯には、転倒の危険がある人に動きがあった場合、すぐにわかるようにセンサーマットを使用したり、フロアにベッドを出してお休みいただいたりします。もちろん本人が明確に拒否すれば無理には行いませんが、認知機能が低下し意思表示がはっきりしない場合、プライバシーよりも、安全性を重視したケアが行われなければいけないことがあります。

具体的な重要事項

　身体拘束を行わず多数の認知症の人たちが生活を共にする場ではどのようなことが起こりやすいのでしょうか。環境の影響を受けやすい認知症の人同士が至近距離で過ごすのですから、トラブルが起こりやすい状態が常に存在し、フロア全体の雰囲気が容易に伝染し増幅することもありえます。時に安全に動くことのできない人が、一度に何人も危険な動きをするということもあります。このような状況にどのように対応していけばよいのでしょうか。

1.　スタッフが作り出す雰囲気の大切さ

　認知症の人は感情面、情緒面の理解が豊かに残っていることが多く、スタッフが日常的に雰囲気良くケアを行い、良好な関係を結んでいることがきわめて大事です。問題が起きたとき、患者さんとスタッフとの個人的な関係で収まることもよくあります。もちろん相

性もあり、良好な関係を結ぶことが難しい場合もあります。苦手な患者さんがいることはおかしなことではありません。そこはスタッフ同士でコミュニケーションをとり、補い合い、全体として安定した安心できる環境を作り出していくことが大切です。

2. 個々の患者さんの状態、状況を把握する

　一人ひとりの患者さんの特徴をつかんでおくことは、当然ながら重要です。病状やADL、それらに加えそれぞれの患者さんの生活の流れやクセを把握していれば、的確な判断と先を見通した対応が可能となります。今まで歩けていたから大丈夫だと思っていたが転んでしまった、生活の流れを変えたため混乱を起こしてしまった、動きだす前のサインを見落としてしまい同時多発的に複数の患者さんが危険な動きを見せた、というような状況はしばしば経験されます。

　個々の患者さんの状態、状況、クセがわかっていれば、このような事態の多くが防げるのです。さらに患者さん同士の関係性、影響の流れをつかんでおくことも大切です。相性の悪い患者さん同士を近くに誘導しないようにし、病棟全体が落ち着かなくなる発端となる影響力の強い患者さんに対しては、とくに早めの対応をこころがけます。

3. 病棟の流れを把握し誘導する

　認知症ケアでは、一人ひとりのペースに合わせたケアが必要だといわれます。しかし限られたスタッフ数で、何の見通しもなく多数の患者さんの欲求に合わせてケアをしていれば、直ちに病棟生活は立ちいかなくなります。たとえば、転倒の危険性が大きい複数の患

者さんが早朝から起きてくれば、転倒事故の可能性は高くなります。昼食が届く正午にすぐに食べたいと訴える患者さん全員に食事を出せば、誤嚥の危険がある患者さんへのケアがおろそかになるかもしれません。またトイレに行きたいという患者さんが複数いて、その希望を聞き入れてスタッフが皆いっせいにトイレに入れば、フロアの見守りが手薄になるかもしれません。

　多くの患者さんが安全で安心感のある生活ができる場を作り出すためには、一人ひとりの患者さんの日常生活を病棟生活の中に位置づけなおし、病棟生活の流れに乗って巧みに誘導する必要があります。

4. 安全性を確保するためにどれだけ我慢していただけるのかを感覚的につかむ

　このように書くとケアをする側の都合が優先され、患者さんに我慢してもらっても仕方がないように思えるかもしれません。しかしそれは違います。あくまでもケアをする側の都合ではなく、病棟全体の安全を確保するために我慢をしていただくからです。

　ですから、我慢ができない人に無理に我慢をさせて、かえって危険な状況に陥ることは避けなければなりません。それぞれの患者さんがどれだけ我慢できるのか、スタッフがお願いしたことをどれだけ理解できるのか、我慢できないとどのような行動に出るのか、それが周りにどのような影響を与えるのか、ということを感覚的にわかっていなければなりません。

5. それでも厳しい状態になる場合がある

　病棟全体の雰囲気が良く、スタッフそれぞれが個々の患者さんの

状態、特徴を把握し、病棟の流れを理解したうえでケアしていくとき、多くの問題は未然に防ぐことができるでしょう。しかし、様々な偶然が重なり、先を見通したケアをしていても危険な状態になってしまうことがあります。

　たとえば、夜勤帯など一人で見守りをしているとき、ある患者さんが落ち着かなくなりマンツーマンで対応しなければならなくなったとします。同時に、立ち上がるとすぐに転ぶ患者さんが立ち上がろうとすれば、途端に危険な状態となります。また人手が足りている場合でも、身体的、精神的に落ち着かなくなっている患者さんが、危険な動きをしようとするため付き添おうとすると、拒まれることがあります。なんとか付き添って安全を確保したいと思っているスタッフの目の前で転びかねない状況です。

6. 厳しい場面での対応と考え方

　これら厳しい場面でどのように対応すればよいのでしょうか。一概に確定的なことはいえないでしょう。その場その場の状況により臨機応変に対応しなければなりません。それらの患者さんが、どれだけ我慢できるのか、こちらから言ったことを聞けるのか、どのくらいの時間立っていられるのか、などなどを考慮に入れ、瞬時に優先順位を決めて対応していくことになります。なるべく本人の意に沿わないことは行わず、行動制限も極力行わず対応します。

　しかし究極の場合、床に腰を下ろしてもらうなど行動制限と考えられる対応をすることもあります。いろいろ手を尽くしたにもかかわらず、どうしても危険な状態になってしまった場合、危険な状態が続く間は、安全性を保つために行動制限を行うのは仕方のないことです。また、付き添うことを拒否された場合、「拒否しているの

だから転んでも仕方がない」とは考えず、本人が拒否しない程度の距離をとって見守り、転んだとしても、できるだけ骨折や頭部外傷などの重篤な状況にならないように最善を尽くしていくことが大切です。

7.　厳しい場面の振り返り方

　これらの対応は、誰がやっても難しいと思います。また重大事故が起こった場合、その振り返りは気の重いものになりがちです。振り返ることは大事ですが、ああすればよかった、こうすればよかった、と考え込むのは得策ではありません。いつ厳しい状況になってもおかしくないこと、厳しい状況では対応が容易でないことを共通認識として、ヒヤリハットや事故報告書にあがっていることなどを、日頃から「こんな事象があった」「あんな事故があった」とスタッフ間で相談・共有しておくことが極めて重要です。

　また、自分の対応が行動制限になっていると思われたならば（そのように振り返ること自体が大事）、そのことを師長、主任、リーダーといった信頼できる複数の人々に伝え、一緒に考えてもらいましょう。恥ずかしいことではありません。一人で抱え込む問題ではないのです。そして、あまりにも厳しい場面に遭遇することが多いと感じた場合には、そもそも病棟生活が安全に送れる状況ではない可能性があります。そのような場合、病棟の体制などを考え直す必要があるかもしれません。

場の持つ意義

　日常生活の維持ができなくなり、時に問題行動を起こす認知症の

人たちが集まって自由に生活をしていただくとき、トラブルは必発であり、大変危険な状況に陥ることもしばしばです。子供と違い、身体は大きく、今後大きく回復するのは難しい認知症の人たちが大勢寝食を共にする場。この場をポジティブに捉えるには、どのようにすればよいのでしょう。

1. 継続的な介護の場

　認知症の人を家庭で介護する場合、様々なサービスを使っても家族にかかる負担は多大です。そのため、時に虐待など悲しい結果を招くこともあります。安定して介護を継続的に行っていくには、多数の患者さんを集めて介護する施設や病院といった場が現実に必要です。どのくらいの人数を集めるのがよいかは認知症の程度によっても異なりますが、多くの認知症の人を、今後、在宅でみていこうという方向性には無理があるといわざるを得ません。

2. 生きる能力を最大限発揮する場

　認知症の人は、家庭では子供や配偶者に一方的に援助されることが多い存在だったと思われます。そのような認知症の人が、大勢の人々がいる場に来ると、初めは混乱するでしょうが、慣れるに従いその場に絶妙に適合してくることがあります。自分と対等だと感じられる人々が思い思いに自由に生活をしている姿を見れば、自然に自己肯定的になるのかもしれません。

　一見スタッフとの関係しかないように見える人でも、周りの認知症の人たちから多くの刺激を受け、その時点での自分らしさ、生きる能力を最大限発揮しているように感じることがあります。このようなことは、在宅生活ではきわめて難しいでしょう。どうしても援

助される側という受身の感覚が強くなってしまうからです。認知症の人が大勢寝食を共にする場の、ポジティブな一側面といえます。

3. 認知症の人が天寿を全うする場

　医療技術が日々開発され高度化していく中で、人生の最終段階のあり方も様変わりしました。今の日本では、感染症であっけなく亡くなる人は激減し、がんが不治の病だという捉え方も時代遅れとなってきています。そして、口から食べられなくなっても経管栄養で命を永らえることが一般的となっています。この結果、人生の最終段階は長期化し、介護だけでなく医療の問題で自宅、施設、病院を行ったり来たりするという状態が当たり前になっています。

　認知症の人にとって、これらのことは何を意味するのでしょう。認知症の人にとって、医療行為はその意義が理解できなければ、ただの侵襲となりかねません。また環境を短期間で変えることは混乱を引き起こします。しかし一方で継続的な関わりの中で信頼関係を結んでいれば、その人らしい生活をいろいろなレベルで実現することが可能ですし、過度に侵襲のない一般的な検査（血液検査、尿検査、単純レントゲン、CT、心電図）や治療（内服、外用、注射、点滴）も方法を工夫すれば多くの場合可能です。

　超高齢化が進む中、認知症を患う人は増加の一途をたどっており、私たちの多くが認知症と共に生きていかなければならなくなっています。将来の私たちも含め、認知症の人が体調の変化により居場所を転々とすることなく療養でき、必要により医療を受け、最期までその人らしく生き切ることができる場を作っていくことは、極めて意義のあることだとは考えられないでしょうか。

まとめ

　以上、認知症対応施設での特徴について考えてみました。認知症の人たちが大勢生活する施設や病院では、一般的な認知症ケアの考え方と異なる視点も持ちながら、見通しを持って継続的で、きめの細かな対応が必要です。

　病棟が落ち着かない状態が続くとき、以下の点について確認してみましょう。

✓ 個別ケアやプライバシーと安全性のバランスは間違っていないでしょうか？

✓ スタッフの雰囲気は良いでしょうか？

✓ 個々の人の把握は十分でしょうか？

✓ 病棟の流れに沿って誘導できているでしょうか？

✓ 認知症対応施設でのケアの意義について考えているでしょうか？

第6章

多摩平の森の病院の
見守り

見守りの定義・目的

見守りで大切にしていること

見守りをするために必要なこと

きちんとした見守りができると

見守りの実践

見守りの指導

見守りの定義

　認知症の人を見守る場合、転倒、窒息、患者さん同士のトラブルなど、危険から守るということが、最も重要なことになります。このような危険な事故を未然に防ぐために早期介入をし、環境を整えていくことも、広い意味での見守りと考えられます。認知症の人は多くの不自由さを抱えて生活されていますが、そのような中で苦痛や不安、不快が強いと、危険な行動やトラブルが起こる可能性が高くなります。そこでスタッフに求められるのは、認知症の人の安全を守ることだけでなく、苦痛や不安、不快がなるべく少なくなるような関わり方になります。

見守りの目的

1. 安全な生活を送る手助けをする

　認知症の人は、高齢であることが多く、ほとんどの場合、身体的な機能低下も見られます。そこに様々な疾患や薬の副作用などが加わり、ふらつき、転倒や食事中の窒息などのリスクが出てきます。しかし認知症の人の場合、危険を認知できないことが多く見られます。そこでスタッフには、認知症の人が安全な生活を送る手助けをするための見守りが必要になります。

2. 不快や違和感を軽減する手助けをする

　認知症の人は、自身の苦痛や気持ちをうまく伝えられないことが多く、ストレスに感じていることがよくあります。自身でストレスを解消できない場合、表現方法が大声や暴力といった形になってし

まうこともあります。ストレスを感じてしまうと、さびしいから、暇だからここにいたくない。だから帰る（帰宅願望、不意に立ち上がり転倒）、うるさいから黙らせる（トラブル、暴力）、痛いから、苦痛だから騒ぐ（大声、奇声）などの様々な問題を引き起こすきっかけになってしまいます。そこでスタッフには、見守りの中で、疲れた、痛い、うるさい、つまらないなどの感情を早急に察知し早めに介入することが求められます。

見守りで大切にしていること

1.「安全のため」だからといって監視や行動抑制は絶対しない

　安全で事故のない生活を送ってもらうことはもちろん大切なことですが、安全であればそれでよいということにはなりません。不安定な立位しかとれない人が、立ち上がると危険だから座っていただくということでは、見守りとはいえません。それはただの監視、行動抑制になってしまい、患者さんは快適とは程遠い状態になってしまいます。まず何をしたいのか本人に尋ねる、または何をしたいのか考えてみることで理由がわかる場合があります。理由がわかれば解決しやすくなりますが、なかには理由がわかりづらい場合もあります。時には理由がないかもしれません。そんなときには付き添って一緒に歩行したり、そっと近くで見守りをしたりすることが必要になります。どうしても安全が優先されることになりがちですが、不快にさせないことを忘れてはなりません。

2.　見守りをするスタッフの動きが危険な状態を作ることがある

　患者さんにとって周りの患者さんはもちろんですが、私たちスタッ

フも環境の一部です。スタッフの言動は、患者さんに良い影響だけでなく悪い影響も与えます。声のトーンや大きさを考えた声かけや笑顔での対応、相手を気遣った対応などは良い影響を与えることが多く、逆にスタッフがバタバタと走っているのを見かければ、不快に感じるでしょう。駆け寄って転倒を防ぐことで助けるべき相手を、逆に驚かせてより危険な状況にしてしまうこともあります。見守りをするスタッフによって安全の基準が違うと、走ったり駆け寄ったりする必要性の有無の判断も違ってきます。自分の見守りを常に振り返り、本当に走らなければならなかったのかどうかを考える必要があります。また別の患者さんを不快にさせてしまうことがあることは、頭に入れておく必要があります。緊急のときには走る必要がありますが、その状況でも常に周りを考え、不快にさせないように静かに走ることに努めなければなりません。

スタッフの急な動きで転倒を招くことがあるので、静かに穏やかに動きます

見守りをするために必要なこと

情報収集と情報共有は最低限必要です。具体的には、患者さんの状態（疾患、ADL、認知症の程度、内服薬の作用・副作用）、性格、表情、機嫌、言動、生活リズムなどを日々の関わりの中で、スタッフ一人ひとりが患者さんと向き合い、深く知っていくことです。と

くにいつもと違う状態（発熱、内服薬の追加など）のときは、意図的に言葉にして皆に伝達することが大切になります。

　また、起こってしまった事故やヒヤリハットとしてあげられたものが、スタッフ間で十分に検討され、その内容を把握していると、同じような場面に再び遭遇したときに、多くのスタッフが共通した予測のもとで行動ができるようになり、未然に事故を防げる可能性が大きくなります。スタッフ一人ひとりの患者さん像が大体同じであり、危険認知が共有され、連携がとれていることが見守りをしていくうえで極めて重要です。

きちんとした見守りができると

　きちんとした見守りができると、転倒やトラブル、不快な状況から患者さんを守ることができるようになります。他人の心はどれだけ寄り添っても、全てを知ることは不可能です。しかし、その患者さんが今どういう気持ちなのか、何をしようとしているのか、どうしたいのかを常に考えることで、不快なときによく出る言動が見えてきます。そのことによって次の行動の予測ができると、事故が起きそうになってから対応するのではなく、事故が起きそうになる少し前に様子を見に行くことができるようになります。

　このような対応は一つの事故をなくすだけでなく、事故が起きていればその対応にかかっていたはずの時間を、心地良い刺激を提供する時間へとスライドすることを可能にします。そして心地良い刺激は不快から来る危険な行動やイライラを未然に防ぐことにもつながっていきます。

見守りの実践

1. デイルーム（患者さんの多くが集まる場所）には見守りができ
   るスタッフが常に複数いること

　デイルーム外でのケアや業務、スタッフの休憩などが重なりすぎ
ないように考え行動します。食事介助や爪切りなどの集中してケア
を行うスタッフや、記録などをしているスタッフは、やりながらだ
と見守りするのは難しいので、必要なときは手を止め、見守りする
ことが必要です。

2. 事故が起きないようにするために

　デイルームや患者さんに背を向けていることはリスクを高めると
認識し、見守る場所（全体が見える位置）を考えます。見守り中は
他の作業をしながらでも周りに気を配ります。見守りを交代すると
きやデイルームを離れるときは、離れてもよいかスタッフに確認し、
ちゃんとそのスタッフに伝わったかどうかを確認して離れます。

　他のスタッフがどこにいるかを把握しておきます。デイルームにいる患者さんだけではなく、徘徊する患者さんにも目を配ります。デイルームの状況を確認しつつ、動くようにします（ケアや業務の間にデイルームを確認する）。

見守り中に持ち場を離れるときは他のス
タッフに声をかけて確認

　ナースコールは、まかせきりにせず自分も確認します。音に敏感になるよう気をつけます（センサー音の種類とそれを使っている患者さんを把握しておきます）。

3．事故が起きそうになった場合

　自分一人で見守りが限界と感じたら、他のスタッフに協力を求めます。無理をしてはいけません。

　危険度が低いとき（立っただけでは危険ではないが数歩歩いたり、方向転換時は危ないなど）には大声を出さずに近くに行き、行動を見守ります。

　危険度が高い場面（立ち上がっただけで危険、予測がつかない動き、新入院で様子がまだわからない）を見つけても駆け寄るには遠いが、他のスタッフがその近くにいる場合は、的確にその状況を伝え安全を守ってもらうよう行動します（「キャー」などと声をあげると、周りに悪い影響が出るので、大声は発しない）。

4．転倒・転落のリスクを減らすために

　転倒リスクの高い人には、スタッフの目の届くところで過ごしてもらい、歩き出してもひっからないように通り道を広くとっておきます（スペースが狭いと本人がつまづきやすいだけでなく、助けが間に合わないことがあります）。

　姿勢の崩れが生じた場合、姿勢を調整してずり落ちを防ぎ、適宜休息を入れます。

　立ち上がることのできる人は、車椅子から降り、椅子に座ってもらいます（車椅子のままだとフットレストにひっかかったり、ブレーキがかかっていると後方に倒れたりする危険がある）。

そわそわした動きが見られた場合、トイレに誘導してみます（急いで立ち上がるとより危険なため）。薬を飲んだ後は、ふらつきに注意します（薬を飲んだという情報伝達は欠かさないように）。

5．窒息のリスクを減らすために

窒息の危険がある人には、スタッフの目が届きやすく顔の見える位置で食事をしてもらいます。お箸や小さいスプーンで食べてもらい、小分けにするなど、一度にたくさんは食べない工夫をします。

盗食の傾向がある人は、隣に形態の違う食事があると危険だと認識しておきます。

他の患者さんを介助しながら見守るときは、なるべく近くで見守ります。

覚醒状態を把握し、ムセがあるときには起きてからしばらく時間を置いて食べてもらいます。

6．不快にならないようにするために

トラブルの危険が高い人同士は、離れて席に座ってもらいます。トラブルが起こったときは早期介入し、その後、きちんとフォローをします。トラブルの当事者同士は無理に引き離すのではなく、自然な様子で近くに行き、話に加わりながら見守ります。

イライラしている患者さんを見つけたら、他のスタッフに伝えます。

座っている時間が長くならないように、適宜プッシュアップや休憩を促します。また、除圧や気分転換のため、歩行、散歩を促します。

アクティビティへの参加を促し、個別にスタッフが関わるようにします（好きなことの話やスキンシップ、散歩、体操、個別レクリ

エーション)。

7．快適な時間を送る工夫

　心地良い音楽が流れている環境を作るなどして、落ち着かない患者さんが落ち着ける工夫をします（見守り対象の人を集めればよいというわけではありません)。

　したいことが、したいときにできるように手助けします。

8．デイルームのスタッフ以外が注意すること

　デイルームの外や廊下でデイルーム内の危険を察知した場合でも、ただちにデイルームスタッフへ声をかけます。部屋の前を通るときには、部屋の中を確認します。

　ナースコールは必ず自分も確認し、デイルームのスタッフで対応できるか判断します。業務やケアの途中でも、デイルームの状況を確認しながら動くようにします。

9．マンツーマン対応の患者さんの対応

　歩き回る患者さんに対して、座るところが少ない場所ではスタッフが付き添って歩行しますが、パーキンソン病のように患者さんが自分で止まれない場合では、過度に疲労しないよう適宜休憩を入れ、発汗、顔色などに注意し、水分補給を促します。

10．早番帯、遅番帯（スタッフの人数が少ない時間帯）の見守り

　日中と基本的には変わりません。しかし、スタッフの人数が少ない場合は、安全を第一に優先します。

11.　絶対守るべきこと

　マンツーマン対応などでスタッフの誰もその場を離れられないときには、突発的なできごとに対応できるよう、もう1人以上加えて、少なくとも1人は駆けつけられる状態にしておく必要があります。

　複数の事故が同時に起きそうになった場合、対応の優先順位を考えます（生命に危険のある問題を優先します）。

　重大事故や急変時に看護師が対応している間は、他のスタッフは他の患者さんを見守り、必要に応じて食事介助などのケアを止め、安全を優先します。

12.　デイルームにいるスタッフが行うこと

　付き添いが必要な患者さんの中には、排泄などの生理的欲求を満たしたり、不快な状況を取り除いたりしても落ち着けない場合があります。向精神薬などの薬を調整している患者さんは医師や看護師などに相談し、早めに内服することも検討しましょう（日中に行動を制限せず過ごしてもらい、夜はなるべく落ち着いて過ごすことで、スタッフにもゆとりが生まれ、ご本人だけでなく他の患者さんにもマンツーマンで関わることができます）。

　落ち着かない患者さんがいる場合は、他のスタッフに伝え、その患者さんが落ち着けるように対応してもらい、デイルームがざわつくのを防ぎます。デイルームスタッフだけで対応が難しい場合は、ただちに他のスタッフを呼びます。その患者さんが落ち着いてきたら、見守りつつ、他の患者さんのケアも行います。基本的にはマンツーマン対応が必要な人に対しても、スタッフが不足して緊急の場合は、1人を介助しながらもう1人を見守ります（2人同時に介助するのは危険）。その際、見守りが必要な患者さんには興味のある話

をするなどの工夫をします。

13. 他のスタッフが行うこと

　食事介助の状況、デイルームにいるBPSDなど危険度の高い患者さんの状況を見て、デイルームに追加のスタッフが必要かどうかを判断します。安全な状況なら介助者の手が空き次第、時間をずらしながら、患者さんを誘導します（危険度の高い患者さんを見守りながら全ての患者さんの食事介助、見守りを行うことは難しいため、時間をずらすことで危険度を減らします）。トラブルを減らすために、転倒のリスクが高い人を優先するなどを念頭に、誘導の順番を決めます（患者さんの意思や疲労も合わせて考えます）。

　横になっても落ち着かない患者さんは、起きてデイルームで落ち着くまで過ごしてもらうほうがよいこともあります。

14. スタッフの近くでの入床

　夜勤中はスタッフの人数が少なくなりますが、患者さん全員の安全を守るため、重症患者や危険度の高い患者さんには、ナースステーション近くの部屋で入床してもらい、こまめに足を運ぶようにします。

15. センサーマットの使用、床ベッド、ベッド下にマット

　見守れる位置で入床することが本人の苦痛になるが、1人では転倒や転落などの危険がある場合は、センサーマットの使用を検討します（ただし、センサーの必要性の検討をこまめに繰り返すこと）。

　言葉による意思表示がうまくできず、行動することで意思を表現する患者さんには、センサーを上手に活用することで、トイレを失

敗せずに行えたり、オムツの不快を早めに解消できたりすることがあります。

　ベッドから降りることに理由がない場合もあります。少し動いていると眠ることのできる患者さんには、センサーマットを使用するのではなく、床にマットレスを敷き詰めた部屋で自由に過ごしてもらうことも必要かもしれません。

見守りの指導

　見守りの指導に関して考えてみると、排泄ケアや食事ケアのように具体的な指導がされなかったり、指導にあまり時間をかけなかったりしているのが現実です。しかし認知症の人たちと関わる場合、排泄ケアや食事ケア以上に、見守りについて指導する機会が必要だと思えることがよくあります。リスクの優先順位を瞬間的に決定し、どのようにすれば安全を守れるのか、どんな対応が適切かをその場ですぐに判断しないと患者さんが危険な状態になるからです。

　指導者が長々と指導することができないため、これはしてはいけないなどの具体的な注意事項の列挙になってしまうことがあります。しかし、なぜそのようなことをしてはいけないのか自分で考えられるように指導していくことのほうが大事です（「丸椅子をしまわないとだめ」と注意だけするのではなく、「ここに置いておくと患者さんの○○さんがひっかかって危ないから片付ける必要があるね」と伝えるほうがよい）。

　スタッフ皆が、自分で考えて見守りを行い、自分の行動を振り返りどのように考え動くのが良いのかを、リーダーや他のスタッフと話し合えるような環境を作ることが大切です。

第 7 章

多摩平の森の病院の
目指すターミナルケア

多摩平の森の病院における
ターミナルケアとは

起きる・食べる・排泄・清潔・
アクティビティ（良い刺激）

５つの基本的なケア以外で考え
なければならないこと

多摩平の森の病院におけるターミナルケアとは

　ターミナルケアとは、広義には、人生の集大成を迎える高齢者の日々の生活を支えるケア（エンド・オブ・ライフケア）であり、狭義には十分な栄養補給ができなくなるなど、永続的に生命を維持していけなくなってきた人が、苦痛を最小にし、安らかな最期を迎えるためのご本人とご家族への援助といえます。

　多摩平の森の病院では、自然の流れの中でその時々において必要なケアを行い、その人らしさや人間の尊厳を保てるよう努力しています。その意味では、ことさらにターミナルケアを特別なものとは考えていません。しかし連続したケアの中にも、いよいよ最期が間近に、確実なものとなってきたとき、いわゆる狭義のターミナル期に、とくに注意すべきことがあるのも事実です。以下、多摩平の森の病院で行われている狭義のターミナルケアを「５つの基本的なケア」に基づいて紹介していきます。

　また、認知症の人に対しても、ターミナルケアの基本的な考え方は変わりませんが、記憶や見当識の障害が進行する中で考えていかなければならない点がいくつかあります。認知症の人の意思や思いを知ることはとても難しいのですが、ターミナル期においては、苦痛や不安、逆に喜びなどのその人の思いに少しでも近づけるような関わりが必要です。

起きる

　私たちは、たとえ死が近づいている人であっても、その人の身体状況を的確に捉えたうえで、ベッドから起きていただくことを考え

ます。周囲に顔なじみの患者さんやスタッフがいて、人の息づかい
が感じられる共有スペースでの時間の提供を大切にしています。ま
た、起きることで視野が変わり、心地良い刺激があることも大切に
しています。しかし、ほとんどの人は意思疎通がとれなくなり、起
きたいかどうかを知ることが困難となる中、また起きることが本人
の苦痛を助長することも考えられる中、起きていただくことが良い
ことなのかどうかの判断が難しい場合もあります。そのような場
合、それまでの生活やご本人の表情・しぐさを細かに捉えてチーム
で話し合い、起きていただくかどうかを選択します。ターミナル期
において、離床するということが、ご本人にとってより良い選択で
あるかを常に考えなくてはなりません。

1. 起きるときの注意点

　身体状態を細かく観察しながら、一人ひとりの生活に合わせて、
おもに日中に起きていただきます。ご家族や他の患者さんと一緒に
過ごしたり、ご本人の好きなことをしていただいたりします。ス
タッフが必ず近くにいて、ご本人の変化にすばやく対応できるよう
にします。自分の体を自ら整えるのが困難な状況ですから、体の傾
きや暑さ・寒さの調整など、ご本人の安全・安心が保たれるような
きめ細やかな配慮が求められます。

　身体機能が低下しているため、苦痛が最小になるようなリクライ
ニング・ティルト式の車椅子を使用し、車椅子への移乗方法も負担
の少ないものへ変更します。

2. 横になっているときの注意点

　ターミナル期の患者さんは、安静という点からどうしてもベッド

上にいる時間が長くなります。しかしそのような状況にあっても、本人が日々の苦痛を最小に、少しでも豊かに過ごせるよう、私たちはケアをしていく必要があります。

　まず、横になっているときの姿勢を考えます。自ら体の置き所をコントロールできない状況から、少しでも気持ちの良い状態で休むことができるように、手足の位置やマットの種類を考えます。また、クッションを使用して最も快適と考えられる姿勢に整えたり、こまめに体の向きを変えて同じ姿勢が続かないようにしたり、着ている服を苦痛の少ない、着心地の良いものに替えたりします。こういったケアは快適さだけでなく、拘縮や褥瘡を予防することにもつながります。

　一方、横になっている時間が多くなるということは、自室に一人でいらっしゃる時間が多くなるということです。それまでの他の患者さんやスタッフと一緒にいた一日の過ごし方が変化します。本人の寂しさや辛さに寄り添えるよう訪室を意識し、声をかけたり、そばにいたり、時に体をさすったりすることは、その人が穏やかに過ごすことにつながると考えます。しかし、寝ている時間は静かに過ごしたいという人もいらっしゃるので、必ずしもお部屋で休まれている時間に訪室することが良いことではないと自覚して、それまでの生活歴を考えて一人の時間を大切にすることも重要です。

3. 医療的処置について

　とくにターミナル期は、これまで以上に患者さんの病状変化に敏感でなくてはなりませんし、異常な状態には早期に対応しなければならないので、起きているときも横になっているときも、こまめな観察や訪室が必要です。経時的なバイタルサイン測定と全身状態の

観察を怠ってはなりません。

　また認知症の人の特徴として、自分の置かれた状況が理解できず、医療的な処置を拒否することがあります。酸素投与や吸引、点滴など、その人の生命に影響を与える行為でも時には拒否が起こりえます。そのため、一時的に体を抑えさせていただくことがあります。そのときには必ず説明をし、「これで良くなりますよ」と少しでも気が紛れるような声かけや体の抑え方の配慮、また酸素を吹き流しにするなどの工夫をすることで、ご本人にとって辛い時間を短くする努力をしています。

食べる

　人は、死が近づくと徐々に食べることが難しくなっていきます。しかし、食べることは「生きること」そのものです。食べることが困難な状況にあっても、私たちは、ご本人の食べたい・ご家族の食べさせたいという意思が確認できれば、全身状態を見ながら、医師と相談のうえ、食べられるものを食べられるだけ召し上がっていただきます。言語聴覚士や栄養士とも相談し、安全に食べられる形態を考え、ゼリーやヨーグルト、栄養補助食品などを提供しています。

　食べることは楽しみであると同時に、疲労や危険も伴いますから、常に嚥下状態の観察、食事形態・量・時間（食べている時間や延食）・回数（2回食・1回食）の検討もします。ご本人が食べることに苦痛を感じていないかということも忘れてはならない観察点です。

　また、食べることそのものではなく、楽しみながら食べる工夫もします。具体的には、お気に入りの食器やなじみの食器を使う、盛

り付けを工夫する、自室など落ち着ける空間を提供する、ご家族と召し上がる、食べたくなるような声かけをする、などです。口に食べ物を含むことが難しくなっても、味を感じられるような工夫（ガーゼなどに飲み物を含ませるなど）、香り、音（お菓子の袋を開ける音、お菓子を食べる音など）だけでも楽しむことができるかもしれません。

　しかし時がたつと、どんなに食べたくても食べることができない時がやってきます。そんなときには、食べる楽しみではなく、違う楽しみを考えていくことも必要です（散歩や音楽、本人が好きだったことなど）。

経管栄養や胃瘻(いろう)について

　鼻腔栄養（経管栄養）も胃瘻も、もともとは食道などの手術を受け1週間とか10日間くらい食べ物を口から食べられないときの栄養補給の方法です。鼻腔栄養は鼻の穴から胃まで管を入れ、そこから人工の栄養をとる方法のことで、胃瘻は、おなかと胃を管で直接つないで、そこから人工栄養を補給する方法です。

　いずれも本来は短期間で普通の経口摂取に戻るためのものでしたが、日本では老人病院ができ始めた昭和40年代から、誤嚥性肺炎などを起こす高齢者に鼻腔栄養を行うようになりました。その後、平成のある時期から胃瘻が多用されるようになりました。

　確かに誤嚥性肺炎を繰り返す高齢者への比較的安全な栄養補給でもあり、本人の希望というよりは家族の希望、それから食事介助に手が回らない病院側の事情で増えていった面もありました。その反省から、現在は少なくなっているようですが、まだ高齢者医療の現場では行われているのが現状です。食べることが困難になってきた

目の前の高齢者を見かねて、選択の一つとして希望するご家族もいらっしゃいます。ちなみに、欧米ではこのような延命のための使い方はほとんどされていません。今後も議論が必要だと思われます。

排泄

　ADLが低下すると、トイレへ行くことができなくなり、やがて全ての排泄動作に介助が必要となります。私たちは患者さんの身体状態・ADLに合わせ、負担が少ないように介助をしていきます。

　トイレに座れなくなり、オムツを使用することになっても、ご本人の心地良く排泄したいという思いは変わりません。私たちはそれまでと変わることなく、プライバシーや羞恥心に配慮して排泄ケアを行います。

　時に、ベッド上にいる時間が長くなっても、トイレで排泄をしたいと起き上がられる人がいらっしゃいます。全身状態が低下していますから、トイレを使うことは危険な状況であるという認識が必要です。まずは、早めにオムツを交換することで不快を最小にするか、尿器を使います。それでも納得されなければ、十分な観察のもと、安全で苦痛が少ないように慎重に介助して、すぐ横になれるようにベッドサイドでポータブルトイレを使用することも考えます。このようにリスクを認識して段階的に援助を考えることが必要です。

　また、排泄物はご本人の健康状態のサインでもありますから、尿量と尿の性状、便の性状の観察も欠かさず行います。

清潔

　ターミナル期には、清潔を維持することがそれまでより困難になってきます。トイレに行くことが困難となり、オムツに失禁することが増えます。栄養状態、全身状態の低下は感染症をはじめとして様々な身体的な変化を引き起こし、容易に不潔な状態となってしまいます。このような中、私たちは清潔を保つことが全身状態の安定につながるだけでなく、最期の時まで気持ちよく、さわやかに生活できるように基本的な身だしなみにも気をつけていきます。

　入浴はストレッチャーに寝て行いますが、そのような方法でも気持ちよく入浴していただけるよう、声をかけながら丁寧に体を洗ったり、寒くないよう湯温を調節するなど工夫します。ターミナル期には、全身の皮膚が弱く、むくみがあることもありますので、やさしく洗うことも重要です。入浴は、感染予防や循環促進、蒸気による痰の喀出促進などの生理機能を高め、爽快感も得られるといった利点の一方で、疲労や状態悪化にもつながります。入浴中は常に状態を観察し、前もって吸引をしたり、酸素投与をしたりしながら入浴します。十分な観察と工夫により、最期までご本人にとって気持ちの良い状態を保てるようにします。

　徐々に防御機能が衰えていく皮膚や口腔内を清潔に保つことも大切です。皮膚については、マットの種類を検討し、その人に合った体位変換やポジショニングを考えて、損傷や褥瘡の発生を予防します。口腔内については、こまめに口腔ケアをし、においや保湿、口腔内の出血に対応して、損傷を予防・改善すると共に、清潔を保ち誤嚥性肺炎の予防に努めます。拘縮がある人は、手の中の汚れやにおいを取り除くための手浴や、手にガーゼなどで作った小さなクッ

ションを持っていただき、爪が当たって起こる痛みを和らげることなどの配慮も、気持ち良く過ごしていただくことにつながります。

アクティビティ（良い刺激）

　人生の最終段階にも、潤いや心地良い刺激があること、それは、それまでの人生と変わらずとても重要なことです。私たちは、それまでの関わりと同じように、その人の人生を見つめ直し、穏やかに過ごせる方法を考えます。ターミナル期には、レクリエーションなどの活動的なアクティビティは困難になるかもしれません。しかし、アクティビティの中には、コミュニケーションや共に時間を過ごすことも含まれ、それがその人の安らぎにつながると考えます。

　まず、コミュニケーションと、そこから広がるいくつかのアクティビティがあります。日常の些細な会話や、趣味・家族の話などその人の好む話をする。手を握る、マッサージをする（皮膚の状態を考えながら行う）、手足浴を楽しむ。患者さんが好む音楽を一緒に聞く。写真を見ながら声をかける。動物やそれを連想させるぬいぐるみ・本などによる癒し。患者さんの信じる宗教による癒し。その方法は、その人の人生に基づき、人の数だけ無限に考えられます。たとえ小さな反応であっても、ご本人の思いを確かめながら一緒に楽しみます。

　横になり一人で過ごす時間であっても、不安や寂しさを和らげ心地良く過ごせるよう努めます。好きな音楽であっても、同じものを流し続けるのではなく、流す時間や種類、音量を考えたうえで、その人に心地良い音楽を届けます。ご本人が好む香りが室内にあふれている。懐かしい写真や思い出の品を置く。その方が人生を振り

返ったり、安らぎを感じたりできるような工夫をします。

　また、状態を見ながら、お部屋の外に出ることも考えます。散歩に行き、外気に触れて季節を感じたり、他者との交流を楽しんだりする。デイルームでの全体行事やアクティビティに参加する。病棟内のアクティビティには横になったままでも参加することができます。

　これまで述べたアクティビティは、特別な時間を設けずとも、日常の基本的なケアの合間に取り入れて行うこともできます。難しく考えすぎず、その人と一緒に最後の一時一時を過ごしてみましょう。

人生を振り返るのが困難な場合

　入院時より状態が不安定で、医療的なケアが続き、患者さんとの関係が築けず、患者さんのこれまでの人生を知る機会がないままに患者さんが亡くなられることもあります。また、何人もの患者さんがターミナル期にあり、個々の人にふさわしいアクティビティを考えることが困難なこともあります。

　こういった場合、アクティビティの実践は大変難しいことです。まずは、医療的ケアで苦痛を最小にすること、そして、アクティビティ以外の基本的なケアにより、生理的欲求が満たされるようにすることが大切です。そのうえで、チームとして皆で考え、少しでも時間を作って、患者さんに安らぎを感じていただけるように努力する。私たちはそのようなケアを目指しています。

5つの基本的なケア以外で考えなければならないこと

1. ご家族への配慮

　ご本人が人生の最終段階に至って、ご家族も悲しみや不安を抱かれ、やがて死という大きな節目を受け止めなければならない時がきます。また、ご本人が認知症で意思決定が困難な状況では、ご家族はこれからの治療の判断を委ねられ、戸惑いや葛藤に悩まれている場合もあります。ご本人との限られた時間を大切にすべく、ご家族ときめ細やかに関わっていく必要があります。

　まず、病状説明のタイミングや内容は、それぞれのご家族に合わせて慎重に行います。ケアスタッフは医師の説明やご家族の特徴を把握して、それに準じた話や態度で接しなければなりません。

　次に、ご家族が安心し、くつろいで面会できるよう、部屋にソファを設置したり、におい・音・室温・照明などに注意したりして、共にゆっくり過ごせる環境を提供します。宿泊される際には、ベッドや飲み物を準備し、食事提供の有無を確認するなど、ご家族がご本人以外のことでわずらわされないような配慮が必要です。多摩平の森の病院のように認知症の人が多数生活されている環境では、他の患者さんの大きな声やドタバタした雰囲気でご家族の心を乱さないような配慮が必要になります。

　また、ご家族とのコミュニケーションも大切です。医師からの病状説明はもちろん、面会時のお声かけやスタッフから日常のご様子をお伝えします。その際にご家族とその方のこれまでの人生のお話をしたり、家族の思いを傾聴する姿勢が大切です。時にはご家族に対してねぎらいの言葉かけもします。私たちは常に家族が話しやすい雰囲気作りを心がけることが必要です。

そして、いよいよ死が訪れたときには、ご家族の悲しみに寄り添います。悲しみが強いときには、その後も継続的な援助が必要なことがあるかもしれません。ご家族の悲嘆は、ターミナル期の患者さんのケアや死後の処置に関わっていただくことで和らぐともいわれており、多摩平の森の病院でもご家族の意向をうかがったうえで関わっていただくことがあります。またターミナル期に状況報告をこまめに行う中で、亡くなられた後の話が自然に出ることがあります。このような場合、前もって死装束を用意していただくこともあります。

2.　多職種連携

　ターミナル期には、多職種がそれまで以上に連携して、統一したケアを行っていくことが必要です。治療方針を共有し、その人らしいケアプラン考え、実践し、ご本人・ご家族が患者さんの最期を安らかに迎えることを支えます。退院されるときにも、多摩平の森の病院では病棟や職種を問わずお見送りをし、ご本人との別れを皆で悼みます。

　また、死後はデスカンファレンスといわれる、患者さんとの思い出を話したり、ケアを振り返ったりする機会を設け、悲しみを抱くスタッフを癒し、次のケアにつなげる時間にしています。

新型コロナウイルス感染症への対応

　2019（令和元）年12月末、中国武漢に端を発する原因不明の肺炎の集団発生は、年が明けた2020年1月上旬には日本を含めた多くの国に波及しました。ヒトからヒトへの感染が確認され、1月にはWHOが「国際的に懸念される公衆衛生の緊急事態」に該当すると宣言し新型コロナウイルス感染症と名付けられました。様々な知見が集積するにつれ、高齢で基礎疾患を持っている人の重症化率、致死率が、そうでない人に比べ桁違いに高いということがわかってきています。ワクチンが十分に普及していない現時点（2021（令和3）年4月）で、高度の認知症を患う方々にとって感染は死と直結しうる状況です。多くの認知症の方々が生活を共にする場所ではウイルスを持ち込まないようにすることが何より重要となります。

（1）感染を持ち込ませないための対策

　感染を病棟内に波及させないために具体的に何が重要なのでしょうか？　このウイルスは発症の2〜3日前から排出されること、無症状感染者が多数いて、それらの人も感染源になり得ることがわかっています。そのため、ケアにあたるスタッフが知らないうちに感染していて、感染源になる可能性があるということになります。感染していないことを証明するには定期的な検査を行う以外方法はありませんが、現時点で無症状の人が検査を行うことにはハードルがあり、一般化はされていません。結局大事なことは、感染の伝播様式から導き出される感染予防策（マスク着用、手指消毒、換気）を徹底し、スタッフがたとえ感染をしていても感染源にならないよ

うにすることです。

　感染対策を徹底する場合、外部の人との接触をできるだけ避けることになりますが、家族などとの面会についてどのように考えればよいのでしょうか？　認知症を患う人にとって、近しい人との交流は身体的、精神的な安定につながるものです。そのため十分な感染対策をとったうえで面会をしていただくことはぜひ行いたいことです。しかし、面会する家族に感染対策を徹底していただくことや、万全な感染対策が施された面会環境を設定することは、決して容易なことではありません。細心の注意を払い面会の機会を作っても、市中感染が広がっている状況では、感染が入り込まないか、常に冷や冷やすることになります。その時々で、地域の感染の状況を見つつ、スタッフの余力も考え合わせ、安全と思える環境を提供できる範囲で面会を行っていくことになります。

　対策を厳重にしても病棟に感染が紛れ込む可能性をゼロにはできません。どのような場合に患者さんが新型コロナウイルス感染症に罹患したことを疑うのでしょうか？　そして疑った場合どのような対処が必要なのでしょうか？　たとえば、スタッフに感染者が出た場合、発症前3日以内に勤務をしていれば、患者さんとの関わりを洗い出し、厳重に経過観察する必要があります。当然、そのスタッフが関わった患者さんが同様の症状を見せた場合は、新型コロナウイルス感染症を積極的に疑うことになります。またスタッフに明らかな感染者がいなくても、同時期に複数の患者さんが風邪症状を見

せた場合、新型コロナウイルス感染症の可能性も疑わなければなりません。そして疑った時点で速やかに検査を行い、院内感染防止の観点から隔離をしていく必要があります。ただし隔離の対象者が高度の認知症で危険な動きを頻繁に見せるような人の場合、安全性の観点から身体拘束を行うことも検討しなければなりません。

インフルエンザのように感染力や治療法がわかっている感染症では、身体拘束を行わずに標準的な感染防護をしたスタッフが付き添うことで、これまで安全性を維持しつつ院内感染を防いできました。しかし、今回の新型コロナウイルス感染症は、いまだ治療法が確立していません。高リスクの人が多数生活する場で感染者が出てしまった場合には、とにかく感染者を広げないことが求められます。隔離をしっかり行ったうえで、治療と日常ケアを行いながらしかるべき病院への転院を待ちますが、その過程では、保健所と緊密に連携をとっていくことになります。

執筆スタッフ

本書は、医療法人社団充会 上川病院（現・多摩平の森の病院）において、2011年～2014年に「認知症ケア」をテーマに、以下の参加メンバーによって行われたワークショップの成果をまとめたもので（かっこ内は当時）、さらに2021年、内容の再確認と情報の更新を行ったものです。

吉岡 充　　　（理事長・医師）

竹俣 高綱　　（医師）

井口 昭子　　（総師長）

中野 千代　　（看護師長）

中原 一之進　（看護副主任・認知症認定看護師）

林 直哉　　　（看護師）

今野 英彦　　（介護福祉士）

工藤 幸　　　（介護福祉士）

青木 貴寿　　（作業療法士）

花園 雄大　　（作業療法士）

監修者略歴

吉岡 充（よしおか　みつる）

医療法人社団 充会 多摩平の森の病院 理事長。1949年生まれ。77年、東京大学医学部を卒業。東京都立松沢病院（東京都世田谷区）勤務などを経て、82年から上川病院（東京都八王子市）勤務。89年から同病院理事長。高齢者医療現場での身体拘束廃止運動に取り組む特定非営利活動法人（NPO法人）「全国抑制廃止研究会」の理事長、厚生労働省身体拘束ゼロ作戦推進会議委員も務める。

上川病院は、2017年7月に日野市多摩平に新築移転し、「多摩平の森の病院」として引き続き、信頼と納得いただける医療提供を推進している。

多摩平の森の病院
〒191-0062　東京都日野市多摩平 3丁目1-17
TEL　042-843-1777

・装丁　　インディゴデザインスタジオ
・編集協力・DTP　　岩石隆光　山下青史

こんな介護がしたい —認知症の人との幸せ時間のつくり方—

令和 3 年 4 月 20 日　第 1 刷発行

監修者	吉岡　充
編　者	多摩平の森の病院
発行者	東島俊一
発行所	株式会社 法 研

〒 104-8104　東京都中央区銀座 1-10-1
電話 03（3562）3611（代表）
http://www.sociohealth.co.jp

印刷・製本　　研友社印刷株式会社

0117

SOCIO HEALTH

小社は（株）法研を核に「SOCIO HEALTH GROUP」を構成し、相互のネットワークにより"社会保障及び健康に関する情報の社会的価値創造"を事業領域としています。その一環としての小社の出版事業にご注目ください。